THÈSE

POUR

LA LICENCE.

Canat (E.)

1869

FACULTÉ DE DROIT D'AIX.

THÈSE

POUR

LA LICENCE

PRÉSENTÉE PAR

Étienne CANAT,

Né à TOULON (Var).

TOULON

TYPOGRAPHIE ET LITHOGRAPHIE F. ROBERT, BOULEVARD LOUIS-NAPOLÉON.

1869

Ⓒ.

A MA FAMILLE.

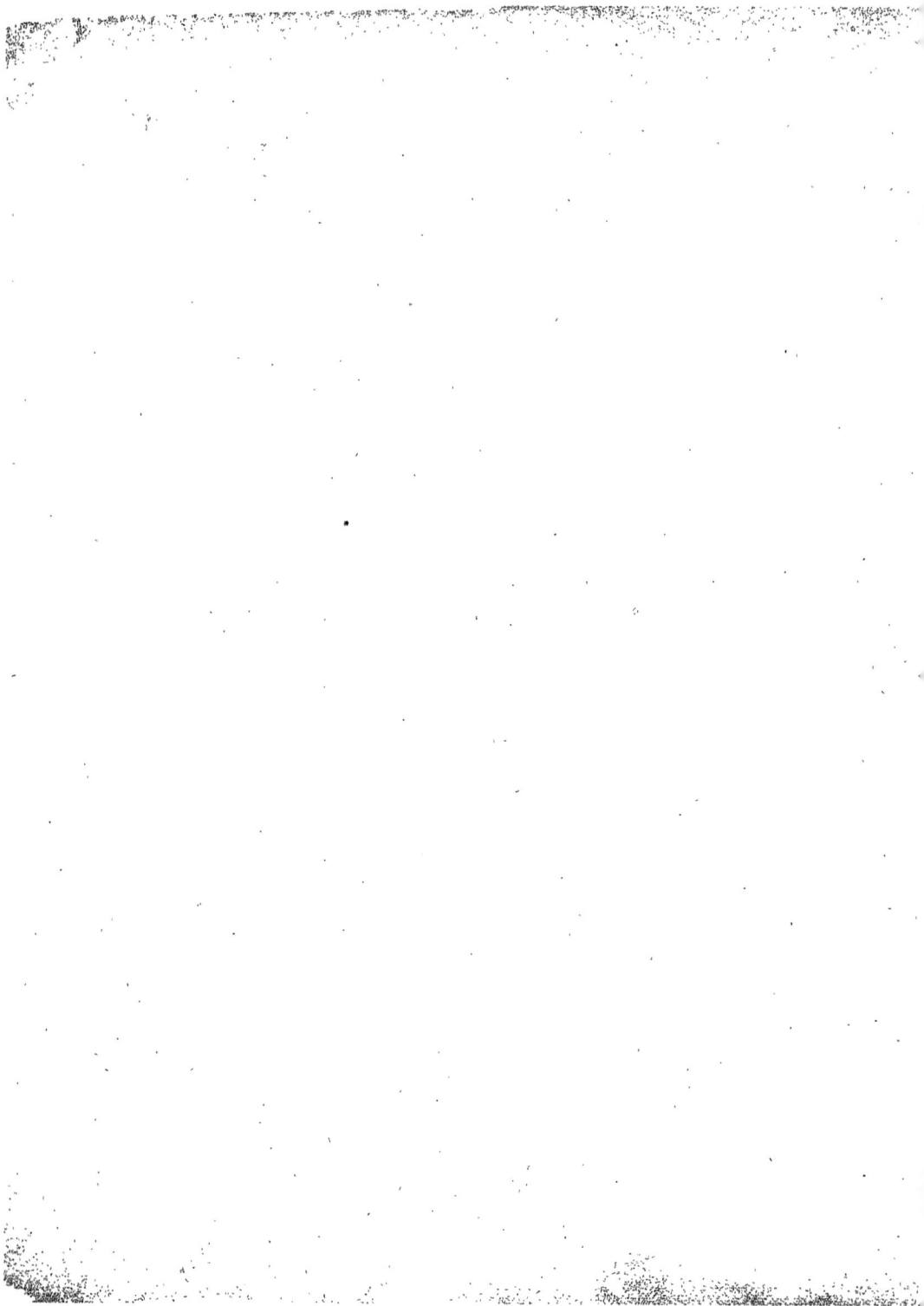

Jurisprudentia est justi atque
injusti scientia.

(INSTITUTES, liv. Ier, tit. I, § 1.)

SOMMAIRE:

JUS ROMANUM.

De ritu nuptiarum.

(Digeste, liv. xxiii, tit. 2.)

Nuptias sivè matrimonium hoc modo definiunt Institutiones : viri et mulieris conjunctionem, individuam consuetudinem vitæ continentem.

Socialis paritatem statûs significare individuam consuetudinem intelligere debemus. Hanc speciem aliâ definitione, quæ in Digestis continetur, exposuit Modestinus. Nuptiæ sunt, scripsit hic jurisconsultus, conjunctio maris et feminæ, consortium omnis vitæ, divini et humani juris communicatio. Nullo prorsùs modo ad conjugum bona pertinent hæc verba omnis vitæ consortes. Disjunctum permanet eorum uniuscujusque patrimonium. Si manum in mulierem jure exerceat vir, cessat nihilominùs tamen hæc regula.

Discernenda cautè sunt inter semetipsa hæc duo vocabula nuptiæ et matrimonium?

In operibus quæ de jure scripta sunt, alternâ vice alter pro altero plerùmque adhibentur. Duorum tamen conjunctionem voluntatum, nuptialem pactionem præsertìm indicare matrimonium, solemnes cæremonias, in quibus apud Romanam gentem olìm includebantur, antè omnia significare nuptias contrà quidam auctores arbitrantur.

Ad justas contrahendas nuptias apud romanos cives necessariæ sunt tres conditiones, scilicet : primò *pubertas;* secundò *connubium;* tertiò deniquè *consensus.*

DE NECESSARIIS AD JUSTAS CONTRAHENDAS
NUPTIAS CONDITIONIBUS.

1° Pubertas.

Pubertas, liberos procreandi naturalis facultas, de conjugii perfectione prima conditio est.

In id quod ad feminas spectat, duodecimo anno peracto viripotentes esse eas in omni ætate concordi animo approbatum fuit, quia in feminarum personis non ex annis sed ex habitûs corporis inspectione pubertatem considerari continuò obscœnum sapienter creditum fuit.

In id autem quod ad masculos refert, variæ prolatæ fuerunt sententiæ. Post quartùm decimum annum homines puberes esse censebant Proculeiani. In his ex habitu corporis æstimandam tantummodò fore pubertatem opinabantur contrà Sabiniani. Quidam adhùc alii, inter quos eminet Priscus, quarti decimi anni ætatis corporisque habitudinis adjunctionem optabant.

Sed in masculos extendere quod in feminis impudicum videbatur temporum majestate suorum dignum esse rectè existimavit imperator Justinianus. Itaquè egregiam constitutionem promulgavit, quâ pubertatem in masculis post quartum decimum annum vix initum accipere disposuit, et antiquitatis normam in feminis personis benè positam suo ordine confirmavit.

2° Connubium.

Connubium justas contrahendi nuptias secundùm Quiritium jus lege recognita habilitas est.

Ab Ulpiano definitur : uxoris jure ducendæ facultas.

Mutata sæpè fuit hæc secunda conditio.

In veteri jure connubium possidebant soli romani cives. Sinè propriæ promulgatione legis illud obtinere non poterant Latini Peregrinique. Attamen feminis latinis connubium communicandi facultatem honestè dimissis veteranis olìm concedebant imperatores. Ut nuptias contrahere commodas milites benè emeriti possent, hoc permissum favorabiliter fuit.

Inter cives romanos semetipsos secundùm juris romani periodos temperamenta per vices adhibita connubio fuerunt. Duplicem connubii interdictionem, inter plebeios patriciosque hinc, et inter manumissos ingenuosque illinc, lex duodecim tabularum constituit. Sed Canuleiâ lege inter duos ordines justæ nuptiæ admissæ fuerunt, et posteà manumissis cum ingenuis connubium concessit Papiâ Poppææ lege confirmata de maritandis ordinibus lex Julia.

Verumtamen perstabant adhùc prohibitiones.

Quin humili ortæ loco essent, ingenuam patronam aut ejus filiam nuptiis sibi adjungere non poterat manumissus. Adversùs manumissum servum a quo perfringebatur hæc interdictio pronuntiabatur operarum pœna publicarum.

Ut cum senatoriis familiis nuptias contrahere justas possent manumissi, necessarium erat imperatorium rescriptum. Si deesset illud rescriptum, non erant nuptiæ.

Mulieres, sivè mimas, sivè meritorias, vel in adulterio deprehensas, vel deniquè publico damnatas judicio, uxores jure ducere senatoribus omnibusque ingenuis omni tempore prohibitum fuit.

Quin etiam personarum numerum, cum quibus rectum interdicebatur matrimonium, Constantinus auxit.

Justinianus, qui cum mimâ Theodorâ conjugium inire voluit, mulieribus mimis scenâ in posterùm desistentibus communicari posse connubium cum Justino suo patre adoptatore communi consensu decrevit.

2

Deinceps mulieres etiam quas sibi annectere vellent uxores ducere nullo discrimine senatoribus unâ e suis novellis permisit imperator ille.

Attamen justæ nuptiæ inter christianos, falsorum cultores deorum, Judæos religionisque christianæ transfugas prohibitæ fuerunt.

Connubii facultati inhærebant aliæ matrimonii prohibitiones.

Etenim, modò propter utilitatem, modò propter consanguinitatem, modò propter affinitatem, modò tandem propter honestatem nasci non posse connubium Quiritium jure statum fuit.

Ità inter tutores, virilem eorum progeniem pupillasque ob utilitatem instituta fuit nuptiarum interdictio. Bonorum transactores et administros ad negotia gerenda inhabilium causâ tutelæ rationes non referendi nuptiis usuros esse præsumptum fuit. Quandiù quintum vigesimum annum non compleverat pupilla, quandiù illi tutelam non reddiderat tutor, nuptiæ non erant. Tutoribus, qui lege sancitas præscriptiones violabant, infamiæ nota infligebatur. Relegationis prætereà pœnam adversùs eos sæpissimè pronuntiabat Quiritium jus. Attamen, si, antequàm tutelam susciperent, facta fuissent sponsalia, aut si filiam suam tutori uxorem committendi expressè conceptum consilium in suo testamento declaravisset pupillæ pater, non oriebatur interdictio.

Propter utilitatem quoquè nuptias contrahere in provincis quibus præerant provinciarum rectores eorumque legati non poterant. Illos ad quæstuosas perficiendas nuptias vim adhibituros esse credebatur. Sed, si peracta sponsalia fuissent, antequàm provinciarum administrationem acciperent, non exstabat prohibitio. Nuptiæ adhùc evadebant justæ, si, quum provinciis præesse desinerent, in eâdem mente conjunctìm persisterent conjuges.

Prohibitiones, ex accommodato ad mores emendandos documento publico procedentes, sivè ad consanguinitatem, sivè ad affinitatem, sivè ad honestatem pertinebant. In Institutionibus optimè explicantur.

Inter personas, quæ parentum liberorumve locum inter se obtinebant, nuptiæ contrahi non poterant, veluti inter patrem et filiam, vel avum et

neptem, vel matrem et filium, vel aviam et nepotem et usquè ad infinitum.
Si hæ personæ matrimonium peragebant inter semetipsas, incestas commi-
sisse nuptias existimabantur. Itaquè, quamvis solùm per adoptionem parentum
liberorumve loco sibi esse cœpissent, inter se matrimonio jungi non poterant,
dissolutâ etiam adoptione. Ille qui per adoptionem filiam aut neptim emanci-
paverat eam posthàc uxorem ducere non poterat.

Ex transverso gradu exeuns cognatio nuptias quoquè impediebat, sed
minimè usque ad infinitum velut directus cognationis ordo. Matrimonii con-
tractui usquè ad quartum gradum tantùm obstabat. Sic inter fratrem soro-
remque prohibebantur nuptiæ, sivè ab eodem patre eâdemque matre nati
fuissent, sivè ex eorum alterutro. Quandò per adoptionem sororem habebat
aliquis, quamdiù constabat adoptio eam uxorem ducere sinè dubio non
poterat ; sed, quum emancipata fuisset, sanè inter illum et eam consistere
poterant nuptiæ. Fratris quoquè vel sororis filiam uxorem ducere non
licebat. Non etiam neptem fratris vel sororis filiam uxorem ducere aliquis
poterat, quàmvis quarto gradu essent. Duorum autem fratrum vel sororum
liberi, vel fratris et sororis, jungi poterant. Amitam, licet adoptivam, vel materteram, vel magnam amitam, vel quoquè materteram magnam uxorem
ducere non licebat, quia parentum loco habebantur.

Ulpianus et Gaïus, qui jàm enumeratas prohibitiones referunt, nuptias
cum fratris filiâ quiddam senatusconsultum præter solitum sanxisse comme-
morant. Illud senatusconsultum, regnante Claudo, qui cum Agrippinâ fratris
sui filiâ matrimonium contrahere voluit, edictum fuit. A Constantino deindè
abrogatum fuit.

Duorum liberis sororum jungi prohibitum aliquandiù fuit ; sed Arcadius
et Honorius hoc conjugium legitimum agnoverunt.

Affinitatis quoquè veneratione quibusdam nuptiis abstinendum erat. Ità privi-
gnam aut nurum uxorem ducere non licebat, quia utræque filiæ loco erant. So-
crum item aut novercam uxorem ducere prohibitum fuit, quia matris loco erant.

Propter honestatem denique nuptiæ quædam interdicebantur. Sic illum, qui ab uxore suâ discesserat, filiam, quæ ex uxoris secundo conjugio nata erat, uxorem deindè ducere non posse, quàmvis privigna non esset, dicebat Julianus. Nuptiis patrem cum filii sponsâ aut filium cum patris sponsâ, quamvis utræque nullo prorsùs modo nurus aut noverca essent, abstinere rectum erat. Illud certum autem erat, serviles quoquè cognationes impedimento esse nuptiis, si fortè pater et filia aut frater et soror manumissi fuissent.

Ii qui adversùs juris prohibitiones nuptias contraxerant gravissimas pœnas subibant. Nec vir, nec uxor, nec nuptiæ, nec matrimonium, nec dos intelligebatur. Liberi ex eo coitu nati in patris potestate non erant. Omninò erant, ad id quod ad patriam potestatem referebat, velut liberi quos mulier vulgò conceperat. Itaquè spurios eos appellare solebant. Undè consequebatur, dissoluto tali coitu, dotem exigi non posse. Matrimonium autem legibus moribusque oppositum *stuprum* nominabatur. Dos fisco adjudicabatur ; suorum quamlibet partem bonorum conjuges testamento sibi tradere invicem non poterant. Imperante Justiniano, liberi, e primis nuptiis nati, parentum bona statìm possidebant ; si deessent ii, fisco addicebatur nocentium patrimonium. Conjuges in insulis relegabantur, et si obscuro orti loco essent, corporis verberationem sufferebant ut castè viverc discerent. Tales erant variæ pœnæ quæ sæpenumerò proferebantur.

E connubio in concubinatum transimus.

Concubinatus secundùm gentium jus duarum personarum, quæ nuptias contrahere justas non poterant vel nolebant, singulare conjugium erat. Apud Romanos veluti in nostrâ ætate illiciti signum commercii non erat ; sed contrà conjunctio quæ lege confirmata fuerat. Itaquè per leges nomen assumpserat. Attamen concubina multò minùs quàm uxor æstimabatur, quàmvis concubinatus secundùm personarum mentem hoc modo junctarum stabilis haberetur.

Omnes mulieres, quibus connubium communicare impossibile erat, concubinæ tantummodò erant. Sic peregrinæ, Latinæ, plebeiæ mulieres antè Canuleiam legem ergà patriciam gentem concubinæ dicebantur.

Quin etiam aliquis ergà mulierem quamdam connubio frui, et denominatam concubinatum conjunctionem cum eâ contrahere tantùm velle poterat. Sanè erat difficillimè faciendum hoc discrimen. Itaquè quoties duæ personæ conditione pares jungebantur, nuptiæ præsumebantur justæ. Contrariò, quum honestate impares coirent duæ personæ, nisi oppositum testimonium dotalibus actis prudenter constitueretur, putabatur concubinatus. Etenim in Digestis dicitur : concubinam ex solâ animi destinatione æstimari oportet.

Concubina sicut uxor duodecimum annum complevisse saltem debebat. Duæ personæ concubinatu connexæ eodem domicilio fruebantur, et plures concubinas vel simùl uxorem concubinamque habere viro interdicebatur.

Ergà patrem liberi e concubinatu enati in ejus potestate non erant; sed patrem certum habebant. Undè illos alimenta exigere posse sequebatur; sed invicem patri hæc debebant. Inter illos patremque actiones famosæ constare non poterant.

Ergà matrem liberi e concubinatu orti in eâdem conditione quàm legitimi liberi erant. Erant ejus cognati. Illis liberis undè liberi et undè cognati bonorum possessio competebat.

Servorum matrimonium *contubernium* vocabatur. Solo domini consensu perfectum erat. Morum tamen cultu serviles quoquè cognationes post manumissionis dationem nuptiis obstare, quia in contrahendis nuptiis observanda constanter erat honestas, introductum fuit. Serviles affinitates impedimentum matrimonio producturas esse admissum posteà fuit.

3° Consensus.

Tertia conditio, ut contrahi possint justæ nuptiæ, non solùm contrahentium sed etiam parentum quorum in potestate sunt consensus est.

Etenim Paulus ait : nuptiæ consistere non possunt, nisi consentiant omnes ; id est qui coeunt, quorumque in potestate sunt.

Sinè contrahentium consensu, sivè patresfamilias, sivè filiifamilias essent, non erant nuptiæ. Itaquè furiosus, qui acta sua non discernebat, ad uxorem jure ducendam, quoniam justè consentire non posset, inhabilis erat. Valebant tamen nuptiæ, si ab illo ad sanam mentem redeunte in eodem momento prolatus fuisset consensus.

Ad id autem quod ad parentum consensum pertinebat, reverentiæ ut apud nos indicium, sed contrà patriæ potestatis normarumque præsertìm quæ hæreditates regebant, ne patrifamilias invito sui hæredes adgnascerentur, duplicem consequentiam, non esse observandum est. Ex quo matris consensum, quoniam patriam potestatem non haberet, necessarium non esse, et emancipatum liberum, patremfamilias factum, patris consensu non obtento, matrimonium contrahere posse concludebatur.

Consensu præcedendæ erant nuptiæ. Erant tantummodò perfectæ, quum parentis jussum obtinuissent filiifamilias. Inter masculorum feminarumque matrimonium, ob normam, ne patrifamilias invito sui hæredes adgnascerentur, maximum supererat discrimen.

Si femina uxor jure ducenda esset, sufficiebat, quia liberi patris conditionem accepturi erant, patrisfamilias consensus. Quarè, quum filium suum filiique sui natam in suâ potestate haberet avus, eam in matrimonium collocare solus poterat.

Si contrà masculus uxorem sibi adjuncturus esset, assentire debebant omnes ii qui ad patriam exercendam potestatem individuè sorte comparabantur, quoniam liberi ex eo coitu nati in familiam inirent. Sic futurus vir, quum ejus proavus, avus paterque viverent, harum trium personarum consensum obtinere tenebatur.

Permissas facilè fuisse, quum pater furiosus consensum præbere non posset, feminæ nuptias in Institutionibus refertur. Hoc pronuntiatum fuerat quia familiæ non violabantur normæ.

Ad id contrariò quod ad masculum spectabat, variæ evaserant opiniones. Marcum-Aurelium liberorum eorum qui erant mente capti conditionem disposuisse a Justiniano dicitur. Sed illius imperatoris constitutione omnes difficultates non sublatæ fuerant. Marcus-Aurelius sinè imperatorii impetratione rescripti, quum pertinaciter constaret dementia, contrahi posse nuptias declaraverat ; sed quid agendum esset, quum pater furiosus aliquantisper ad sanam mentem rediret, nullo etiam modo indicaverat. Itaquè Justiniani processit decisio, quâ permissum fuit, ad filiæ exemplum, furiosi filium quoquè posse, et sinè patris interventu, matrimonium sibi copulare secundùm datum ex ejus constitutione modum. Justinianus præstereà ab urbis Constantinopolis, præfecto, vel a rectore in provinciis, a furiosi curatore ejusque parentibus qui ex eorum genere nobiliores erant constituendam esse dotem jussit.

Liberi, quum pater absens esset, nuptias contrahere post triennium poterant.

Si liberos, quos in potestate suâ habebat, in matrimonium collocare nollet pater, lex Julia de maritandis ordinibus, et deindè imperatores Severus et Antoninus provinciæ rectorem ad liberorum dotem ex adversante patre extrahendam auctoritate suâ usurum esse præscripserant.

Nulla lex parentis consensûs dationem expressè conceptam imposuerat. Per silentium ejus quoquè valebant nuptiæ.

Norma, ne patrifamilias invito sui hæredes adgnascerentur, imperatoribus imperium romanum gubernantibus, temperata fuit. Eodem tempore apud Romanos sicut apud nos reverentiæ in primis institutio facta est patria potestas. Itaquè tunc tantùm consulebantur mater ascendentesque, quàmvis potestatem non haberent. In Codice enim legimus : viduæ intrà quintum et vicesimum annum degentes, etiamsi emancipationis libertate gaudent, tamen in secundas nuptias sinè patris sententiâ non conveniant.

Auctores nuptiarum celebrationem apud populum romanum de constitutis ritibus variè perpendunt, et nullo modo in mentem nostram injiciunt utrùm sufficeret consensus an tradenda esset mulier ut perficeretur matrimonium.

Alii consensu non valere, sed uxoris futuræ tantummodò traditione, scilicet in mariti domum ejus deductione, nuptias putant.

Alii contrà matrimonium solo consensu perfectum esse pro certo tenent.

Primam sententiam accipere debemus, quià olìm apud omnes populos mulieris traditione perficiebantur nuptiæ. Solum consensum apud Romanos nuptias peregisse, nam satìs excultum non erat Quiritium jus ut nuptias ex unicâ voluntatum junctione orturas esse pronuntiavisset, admittere non possumus. Hæc opinio prætereà subsequentibus Pomponii verbis confirmatur : deductione enim opus est in mariti non in uxoris domum, quasi in matrimonii domicilium.

CODE NAPOLÉON.

De la solidarité de la part des débiteurs.

(Art. 1200-1216.)

Les jurisconsultes définissent l'*obligation*, un lien de droit, qui nous astreint envers quelqu'un à donner, à faire ou à ne pas faire quelque chose.

L'obligation pure et simple est celle qui n'est différée, ni par une condition, ni par un terme.

Les modalités, dont l'obligation est susceptible, sont : la *condition*, le *terme*, l'*alternativité*, la *solidarité*, l'*indivisibilité*, la *clause pénale*.

Les développements qui vont suivre porteront exclusivement sur la quatrième modalité.

L'obligation est dite *solidaire*, quand une même chose est due à plusieurs ou par plusieurs, et que la loi ou la convention a constitué chacun créancier ou débiteur pour le total, *in solidum*. Ainsi la solidarité peut exister du côté des créanciers comme du côté des débiteurs. Cette dernière espèce de solidarité constituant tout notre programme, nous passerons sous silence la question de la solidarité entre les créanciers, qui n'a d'ailleurs que de fort rares applications.

3

I. — DE LA SOLIDARITÉ PASSIVE.

Si plusieurs personnes s'engagent vis-à-vis d'une même personne pour une même chose, chacune d'elles n'est tenue que fractionnairement. Supposons, par exemple, que dix individus s'associent pour emprunter à un même individu la somme de 100,000 francs. Il y a dans ce cas autant de dettes distinctes que de débiteurs, et par suite le créancier commun ne peut exiger de chacun d'eux qu'une fraction, fraction qui est représentée par le quotient de la division du capital emprunté par le nombre d'emprunteurs, c'est-à-dire 10,000 francs.

On a toutefois la faculté de déroger à ce principe du droit commun par une clause expresse. Les débiteurs peuvent, en effet, être contraints par le créancier à s'engager solidairement vis-à-vis de lui, s'il en fait la condition *sine quâ non* du crédit qu'il leur accorde. Il y a alors solidarité de leur part. Le créancier peut poursuivre chacun d'eux pour la totalité de la dette.

Qui dit dette solidaire dit collection de personnes débitrices, engagées d'une manière telle, que chacune peut être mise en demeure de désintéresser le créancier pour le tout. Cette dette ne doit toutefois être acquittée qu'une seule fois. Le paiement fait par un seul des débiteurs solidaires libère les autres envers le créancier.

L'obligation solidaire doit avoir, pour exister valablement, un même objet pour chacun des débiteurs ; mais elle peut encore à bon droit être considérée comme telle, bien que les débiteurs soient obligés d'une manière différente au paiement de la même chose, par exemple, si l'un n'est obligé que conditionnellement tandis que l'engagement de l'autre est pur et simple, ou si l'un a pris un terme qui n'est point accordé à l'autre. Chacun des débiteurs solidaires doit s'engager pour la même chose, mais il peut la devoir différemment.

Les éléments donc, qui feront reconnaître indubitablement la solidarité de la part des débiteurs, c'est-à-dire la solidarité passive, sont : 1° une même chose due par plusieurs personnes et par chacune pour le tout ; 2° un paiement unique les affranchissant toutes ; 3° un mandat exprès, reçu et donné par chacune d'elles à l'effet de représenter ses codébitrices.

La solidarité ne se présume point. Il faut qu'elle soit expressément stipulée. Cette règle ne cesse que dans le cas où elle a lieu de plein droit en vertu d'une disposition de la loi (art. 1202).

La solidarité doit être expressément stipulée ; mais les parties ne sont tenues en aucune façon d'inscrire dans leur convention le terme même de la loi. Elles ont le droit de se servir de tout autre mot pour préciser leur but. Le terme solidarité n'est nullement sacramentel.

II. — DES CAS OU LA SOLIDARITÉ A LIEU DE PLEIN DROIT.

La solidarité a lieu de plein droit dans les cas qui suivent :

1° Si une femme, veuve et tutrice en même temps, veut se remarier, elle est obligée de convoquer le conseil de famille avant de contracter cette seconde union. La convocation du conseil de famille a pour objet de décider si elle doit être maintenue ou non dans ses fonctions de tutrice. Lorsque cette formalité, expressément prescrite par la loi, n'a pas été scrupuleusement observée, elle est déchue pour toujours de sa qualité de tutrice, et son nouveau mari est solidairement responsable avec elle de toutes les suites de la tutelle qu'elle a indûment conservée (art. 395).

2° Si la mère, après avoir convoqué le conseil de famille, est conservée comme tutrice, le nouvel époux devient, par la force même des choses, cotuteur, et conséquemment solidairement responsable avec sa femme de la gestion postérieure au mariage (art. 396).

3° Les exécuteurs testamentaires sont solidairement responsables du compte du mobilier que le testateur leur a confié. Ce troisième cas ne doit pas être interprété d'une manière absolue, et ne devient applicable que lorsque le testateur n'ayant pas tracé à chacun des exécuteurs testamentaires une sphère limitative d'action, ils se sont comportés comme ils l'ont entendu (art. 1033).

4° Lorsqu'à la dissolution de la communauté, amenée par la mort naturelle de l'un des époux, il y a des enfants mineurs, le conjoint survivant, qui n'a pas procédé à l'inventaire, est privé de la jouissance de leurs revenus, et de plus le subrogé-tuteur, qui ne l'a point obligé à remplir cette formalité, devient solidairement responsable avec lui de toutes les condamnations qui peuvent être prononcées au profit des mineurs (art. 1442).

5° Les différents locataires d'une maison sont solidairement responsables de l'incendie (art. 1734). Il faut toutefois faire deux exceptions. Cette solidarité disparaît, lorsqu'un faisceau de témoignages d'une évidence irrésistible établit, d'une manière péremptoire, que l'incendie a pris naissance : 1° dans l'habitation de l'un d'eux ou 2° dans les habitations de quelques-uns d'eux. Dans le premier cas, un seul d'entre eux est responsable de toutes les suites de l'incendie ; dans le second, la même responsabilité ne pèse que sur ceux dans les appartements desquels l'incendie a dû commencer.

6° Quand il s'agit du prêt à usage, les personnes qui ont conjointement emprunté la même chose, en sont solidairement responsables envers le prêteur (art. 1887).

7° Lorsque plusieurs personnes ont choisi un mandataire commun pour une affaire qui les concerne toutes, elles sont tenues solidairement envers lui de tous les effets du mandat qui lui a été confié (art. 2002).

8° Tous les individus, condamnés pour un même crime ou un même délit, doivent payer solidairement les amendes, les restitutions, les dommages-intérêts et les frais prononcés contre eux (art. 55 C. Pén.).

Nous distinguerons la solidarité parfaite de la solidarité imparfaite. Nous allons examiner l'une après l'autre ces deux sortes de solidarités et nous prononcer sur chacune d'elles.

III. — SOLIDARITÉ PASSIVE PARFAITE.

Occupons-nous tout d'abord de la solidarité parfaite, qui est la plus importante des deux et mérite un sérieux développement, tant à cause du nombre que du caractère exceptionnel de ses effets..

Nous avons déjà défini la dette solidaire, et nous avons fait entendre que les débiteurs solidaires étaient mandataires et responsables les uns des autres. La réciprocité du mandat, reçu et donné par chacun d'eux à l'effet de représenter vis-à-vis du créancier ses copromettants, constitue l'essence même de la solidarité parfaite. En condensant, dans une définition d'une rigoureuse exactitude, les divers caractères que présente l'obligation solidaire, nous dirons : plusieurs personnes sont tenues solidairement, lorsqu'elles se sont associées d'une manière telle que le créancier, vis-à-vis duquel elles se sont engagées, les considère comme une seule et même personne représentée par chacune d'elles.

IV. — DES EFFETS DE LA SOLIDARITÉ PASSIVE PARFAITE DANS LES RAPPORTS DU CRÉANCIER AVEC LES DÉBITEURS.

Ces effets sont les suivants :

1° Le créancier d'une obligation contractée solidairement peut s'adresser à celui des débiteurs qu'il veut choisir, sans que celui-ci puisse lui opposer le bénéfice de division (art. 1203). Chacun des débiteurs solidaires peut être poursuivi pour le tout par le créancier et être sommé d'acquitter intégralement la dette contractée envers lui. Lorsque le créancier exige ainsi le paiement de la dette du débiteur qu'il lui a plu de choisir, celui-ci ne peut point paralyser ses poursuites, en lui opposant la solvabilité de ses codébiteurs. Les codébiteurs solidaires ne peuvent plus invoquer comme autrefois le bénéfice de division. Le débiteur actionné est tenu comme s'il était seul, et doit satisfaire le créancier en lui payant la totalité de la dette. Il est obligé, il est vrai, de répondre de toute la dette ; mais, lorsqu'il est poursuivi, il est autorisé à appeler en cause ses codébiteurs. Cette faculté, que la loi lui défère, a pour objet de forcer les juges du tribunal, auprès duquel le créancier a fait reconnaître ses droits, de régler par un jugement unique deux chefs bien distincts l'un de l'autre, d'abord les réclamations du créancier et subsidiairement la demande en garantie, intentée contre ses codébiteurs par le débiteur actionné pour le tout. Elle n'a nullement pour but, comme on serait porté à le croire, le fractionnement de la dette entre les débiteurs. L'article 1214 du Code Napoléon motive pleinement cette demande en garantie, et l'article 183 du Code de Procédure civile confère de plus au défendeur, qui peut former une demande en garantie, le droit d'appeler en cause ses garants, c'est-à-dire ses codébiteurs.

2° Les poursuites faites contre l'un des débiteurs n'empêchent pas le créancier d'en exercer de pareilles contre les autres (art. 1204). Notre Code a cru devoir s'expliquer en termes formellement explicites pour dissiper l'incertitude qui aurait pu planer sur ce second effet. L'ancien droit romain, en effet, avait décidé que si le créancier poursuivait l'un des débiteurs, tous les autres seraient libérés. La poursuite dirigée contre un seul des débiteurs solidaires, transformait la créance primitive en une créance nouvelle. Cette dernière créance, dont l'existence n'était due qu'à la rédaction de l'*intentio* conçue dans un sens relatif, *in personam*, grevait seulement celui des débiteurs que le créancier avait eu le soin de désigner expressément dans la seconde partie de la formule délivrée par le préteur. Comme le créancier, qui voulait faire valoir ses droits, était obligé de faire connaître la personne qu'il prétendait être liée envers lui, il devait nécessairement s'exprimer ainsi en présence du juge : *Si paret Numerium Negidium mihi decem dare oportere.* Il en résultait que celui-là seul était tenu qui avait été nommément désigné dans l'*intentio*, et que les autres débiteurs qui n'y étaient point nommés étaient libérés de plein droit. C'était là un des nombreux et remarquables effets de la *litis contestatio*. Parmi les innovations rectificatives que l'empereur Justinien introduisit dans la législation romaine, nous devons constater la suppression de cet étrange effet de la poursuite, qui n'a jamais eu accès dans notre Droit.

5° Si la chose due a péri par la faute ou pendant la demeure de l'un ou de plusieurs des débiteurs solidaires, les autres codébiteurs ne sont point déchargés de l'obligation de payer le prix de la chose (art. 1205). Il y a toutefois une différence fondamentale entre les débiteurs qui sont en faute ou en demeure et ceux qui n'ont rien à se reprocher. Ceux-ci ne peuvent être actionnés par le créancier que pour une somme représentative de la valeur de la chose qui a péri. Ceux-là, au contraire, peuvent être contraints à payer, outre le prix de cette même chose, des dommages-intérêts. La différence que nous venons d'indiquer est très juste : les personnes, qui contractent une dette solidaire, s'engagent bien à s'en porter réciproquement garantes en tant qu'obligation spécialement déterminée ; mais elles ne font nullement présumer, par leur manière d'agir, qu'elles ont tacitement accepté la responsabilité des aggravations émanant de leurs codébitrices. Si la chose périt par la faute ou pendant la demeure de l'un des débiteurs, l'obligation se perpétue, mais change de caractère. Une obligation nouvelle remplace l'obligation originaire ; ce qui fait alors l'objet de la seconde obligation, ce n'est plus la chose même, mais bien sa valeur.

Chacun des débiteurs solidaires est tenu, sans exception, de payer la valeur de la chose périe. Toutefois, si le créancier réclame outre cette chose d'autres dommages et intérêts, les codébiteurs, qui n'étaient ni en faute ni en demeure, n'en sont point tenus. Il découle, de ce que nous avons dit sur l'extension de l'obligation originaire, ce double principe : la faute ou la demeure de l'un des débiteurs solidaires nuit à ses codébiteurs *ad conservandam et perpetuandam ;* mais ni l'un ni l'autre de ces deux faits ne leur nuit *ad augendam obligationem.*

Ce qui précède va nous éclairer pour résoudre une difficulté qui peut très bien se présenter. On peut avoir annexé à l'obligation solidaire une clause pénale. S'il arrive que l'un des débiteurs solidaires rende applicable par sa faute l'exécution de la clause pénale, ses codébiteurs l'encourront-ils de plein droit, seront-ils obligés d'en payer le montant, montant que nous supposons ici de beaucoup supérieur à la valeur de la chose périe ? L'affirmative nous semble forcément admissible. En effet, n'entend-on pas par clause pénale une convention accessoire, qui, étant subordonnée au défaut d'effet d'une convention principale, n'est susceptible d'exister valablement que lorsque l'exécution de celle-ci est devenue impossible par la faute de l'un des débiteurs ? Or les débiteurs solidaires, en consentant à laisser insérer dans leur convention une clause pénale, s'engagent formellement, le cas échéant, à en accepter la responsabilité. Donc, dès que la clause pénale sera encourue par la faute de l'un d'eux, les autres seront tenus de payer la somme fixée. On ne peut point objecter que ce résultat viole le principe que nous avons établi dans le paragraphe précédent. Il ne s'agit point en cette circonstance d'une extension de l'obligation primitive, mais bien de la substitution d'une obligation à une autre. La nouvelle obligation se lie intimement à l'obligation originaire. Ces deux obligations, absolument indépendantes l'une de l'autre quant à leur existence propre, devaient être accomplies l'une à défaut de l'autre. L'avantage de la priorité était destiné à l'obligation principale ; mais il passe de droit à l'obligation accessoire, si l'obligation principale ne peut point être exécutée par la faute de l'un des débiteurs solidaires, car chacun d'eux a expressément promis de satisfaire, en cas de non réalisation de la convention principale, à la convention accessoire, c'est-à-dire à la clause pénale.

Telle était, sur cette espèce, l'opinion de deux de nos plus éminents jurisconsultes, Dumoulin et Pothier. L'article 1232 du Code Napoléon établit, d'ailleurs, que, lorsqu'une clause pénale sert de corollaire à une obligation *indivisible*, la peine est encourue par la contravention de l'un des débiteurs. Or, s'il en est ainsi en matière d'obligation indivisible, nous devons à plus forte raison adopter la même solution pour ce qui concerne l'obligation solidaire, attendu que le créancier a le droit de sévir plus rigoureusement contre les codébiteurs solidaires que contre les codébiteurs d'une chose indivisible.

4° Le créancier, pour mettre en demeure tous les débiteurs solidaires, n'a qu'à former une demande contre l'un d'eux.

5° Les poursuites faites contre l'un des débiteurs solidaires interrompent la prescription à l'égard de tous (art. 1206). Comme les débiteurs solidaires sont mandataires et représentants les uns des autres, ils sont tous actionnés par une seule et même poursuite dirigée par le créancier contre l'un d'eux. L'interruption de la prescription ne préjudicie donc point seulement à celui à l'égard duquel elle a été opérée, mais bien à tous en même temps.

6° La demande d'intérêts, formée contre l'un des débiteurs solidaires, fait courir les intérêts à l'égard de tous (art. 1207). Le Code s'est écarté, en cette circonstance, de la voie suivie par Dumoulin et Pothier ; car cette demande constitue à proprement parler une extension de l'obligation solidaire, puisqu'elle la rend productive d'intérêts. Cette solution est formellement condamnée par la règle, que les codébiteurs solidaires sont

4

mandataires les uns des autres, non point *ad augendam,* mais seulement *ad perpetuandam obligationem.* On peut toutefois la justifier ainsi qu'il suit. Si le créancier eût été obligé, pour faire courir les intérêts contre les personnes engagées solidairement envers lui, d'introduire auprès de la justice autant de demandes qu'il avait de débiteurs, il se serait bien gardé de n'actionner que l'une d'elles, et les aurait toutes poursuivies en même temps. Qu'en serait-il résulté? Des frais considérables. Qui les aurait supportés? Les débiteurs. Le Législateur a établi la plus parfaite harmonie entre cette divergence de positions respectives, entre le créancier poursuivant d'un côté et les débiteurs poursuivis de l'autre. Il a épargné au créancier la multiplicité des poursuites, aux débiteurs la multiplicité des frais.

Ce premier point acquis, faisons une seconde réflexion, plus concluante encore. Dans les obligations, qui se bornent au paiement d'une somme d'argent, le quantùm des dommages et intérêts est déterminé par la loi elle-même (art. 1153). Ils sont invariablement tarifés au 5 p. 0/0 à compter du jour où le créancier a formé sa demande en justice. Comme la loi les a évalués le plus modérément possible, et les a, en prenant un juste milieu, appropriés indistinctement à toutes les circonstances, nous sommes autorisé à admettre que le tarif légalement fixé a été implicitement accepté par chacun des débiteurs solidaires. Cette variété de clause pénale tend à se confondre avec la clause pénale proprement dite. Or nous devons appliquer à cette clause pénale tacite la même solution qu'à la clause pénale expresse. Donc la demande en justice formée contre l'un des débiteurs solidaires fait courir les intérêts, non pas seulement contre le débiteur actionné, mais contre tous ses codébiteurs. Si, d'ailleurs, ils sont obligés différemment au paiement de la même chose, par exemple si l'un est obligé purement et simplement, l'autre sous condition, un troisième à terme, ils ne seront tenus de payer les intérêts, le premier, qu'à compter du jour de la demande en justice, le second, qu'à compter du jour de la réalisation de la condition, le troisième enfin, qu'à partir de l'échéance du terme.

La solidarité parfaite confère en définitive six avantages au créancier. Il a le droit :

1° De poursuivre à son choix l'un ou l'autre des débiteurs solidaires et de le poursuivre pour le tout ;

2° De les poursuivre tous soit simultanément, soit successivement ;

3° D'exiger une somme représentative de la valeur de la chose qui a péri, non seulement du débiteur qui est en faute ou en demeure, mais encore de ses codébiteurs *inculpabiles* ;

4° De les mettre tous en demeure par une demande unique formée contre l'un d'eux ;

5° D'interrompre la prescription à l'égard de tous par des poursuites dirigées contre l'un d'eux ;

6° De faire courir les intérêts contre tous par une demande formée contre l'un d'eux seulement.

V. — SOLIDARITÉ PASSIVE IMPARFAITE.

Plusieurs personnes peuvent être tenues solidairement, sans être pour cela de véritables codébiteurs solidaires. Les codébiteurs, improprement qualifiés du titre de solidaires, peuvent, comme les codébiteurs solidaires proprement dits, être actionnés chacun pour la totalité de la dette par le créancier. Cet unique point de contact entre la solidarité imparfaite et la solidarité parfaite excepté, nous devons faire remarquer qu'elles diffèrent essentiellement l'une de l'autre. Les débiteurs, qui ne sont redevables de la communauté de leur engagement qu'à l'effet d'une solidarité imparfaite, ne sont point mandataires et représentants les uns des autres, et ne peuvent point par conséquent recevoir les poursuites du créancier. Aussi, lorsque ce qui fait l'objet de l'obligation vient à périr par la faute ou pendant la demeure de l'un d'eux, les autres n'ont plus à redouter les poursuites que le créancier aurait pu auparavant diriger contre eux. La sommation, par laquelle l'un d'eux est mis en demeure, ne met point en demeure les autres ; les poursuites dirigées contre l'un d'eux seulement n'interrompent point la prescription à l'égard des autres ; la demande judiciaire, formée contre l'un d'eux seulement, ne fait point courir les intérêts contre les autres.

La solidarité parfaite existe, lorsque plusieurs personnes se sont associées pour contracter une même dette. Les débiteurs sont alors mandataires les uns des autres à l'effet de recevoir les poursuites du créancier, et ne constituent vis-à-vis de lui qu'une seule et même personne représentée par chacun d'eux. Comme ils ont entre eux des rapports quotidiens d'affaires, on peut croire qu'en s'engageant solidairement, ils ont tacitement accepté toutes les conséquences, qu'est de nature à entraîner contre eux tous la mise en demeure d'exécuter l'obligation, imposée à l'un d'eux.

Nous venons de voir que la solidarité conventionnelle est dans tous les cas parfaite. En dirons-nous autant quand elle est légale ? L'affirmative et la négative peuvent être également soutenues. La solidarité légale existe revêtue de ce caractère entre la femme tutrice et son nouvel époux (art. 395 et 396) ; entre les exécuteurs testamentaires (art. 1033) ; entre plusieurs emprunteurs à usage de la même chose (art. 1887) ; entre comandants (art. 2002). La solidarité légale est, au contraire, imparfaite quand elle est le résultat d'une coïncidence tellement extraordinaire, qu'on peut supposer avec raison que les personnes, qui se trouvent accidentellement codébitrices, ne se connaissent point, ou n'ont eu entre elles que très peu de rapports. Par exemple, les différents locataires d'une maison incendiée sont unis entre eux par les liens d'une solidarité légale imparfaite. Ils peuvent sans doute être poursuivis chacun pour le tout ; mais là se borne l'effet de la solidarité que la loi établit entre eux. Ils ne sont nullement représentants les uns des autres, ni à l'effet de recevoir les poursuites, ni à l'effet de perpétuer l'obligation. Nous pouvons donc conclure de là, que plusieurs personnes peuvent être tenues solidairement, quoiqu'elles ne soient point des codébiteurs solidaires proprement dits.

VI.— DES EXCEPTIONS QU'UN DÉBITEUR SOLIDAIRE, QUAND IL EST POURSUIVI, PEUT OPPOSER AU CRÉANCIER.

Le codébiteur solidaire poursuivi par le créancier peut opposer toutes les exceptions qui résultent de la nature de l'obligation, et toutes celles qui lui sont personnelles, ainsi que celles qui sont communes à tous les codébiteurs. Il ne peut opposer les exceptions qui sont purement personnelles à quelques-uns des autres codébiteurs (art. 1208).

Le défendeur, pour combattre les prétentions du demandeur, a deux sortes de moyens : les *défenses* et les *exceptions*. Les exceptions sont les moyens qui, ne portant point sur le fond ou le mérite de la demande, tendent à la faire écarter pour le moment ou jusqu'à l'accomplissement de certaines conditions. Ici elles se confondent avec les défenses proprement dites qui, attaquant directement le fond ou le mérite de la demande, concluent à la faire rejeter comme non fondée. Elles ne sont, d'ailleurs, que des formes variées, des espèces particulières de défenses au point de vue de leur tendance.

Le Code, en distinguant trois espèces d'exceptions : 1° les exceptions qui résultent de la nature de l'obligation ; 2° les exceptions personnelles à l'un des codébiteurs ; 5° les exceptions communes, ne procède pas d'une manière irréprochable. La première classe rentre, en effet, dans la troisième, car les exceptions, résultant de la nature de l'obligation, sont de véritables exceptions communes.

Nous parlerons d'abord des exceptions personnelles, et en second lieu des exceptions communes.

Exceptions personnelles.

Il faut entendre par exceptions personnelles les exceptions qui sont tirées d'une cause particulière à l'un des codébiteurs. Ainsi, le débiteur solidaire, qui a exclusivement stipulé à son profit une condition ou un terme, peut se prévaloir, quand il est actionné par le créancier, de la non réalisation de la condition ou de la non échéance du terme. Il en est de même, lorsque son consentement est entaché d'un vice de violence, de dol ou d'erreur. Il a encore, dans ce cas, le droit de se défendre pour le tout, en opposant le vice dont son consentement est entaché. Il peut également opposer son incapacité, lorsqu'il s'est obligé pendant sa minorité ou bien pendant son interdiction. Ces diverses exceptions, qui sont de véritables exceptions personnelles, peuvent seulement être invoquées pour le tout par celui des codébiteurs auquel elles sont propres. Si le créancier dirige ses poursuites contre les autres débiteurs, ceux-ci ne peuvent en aucune façon, en lui opposant l'exception ou les exceptions propres à leur codébiteur, faire rejeter sa demande pour le tout. Ne pouvant point se prévaloir des exceptions personnelles pour le tout, ne peuvent-ils pas les invoquer, au moins, jusqu'à concurrence de la part que leur codébiteur doit supporter dans la dette ou qu'il devrait supporter, s'il était valablement obligé ? Il faut distinguer. Supposons, par exemple, trois débiteurs solidaires dont l'un a été victime d'une erreur, d'un dol ou d'une violence. Si les deux autres ont eu connaissance, en contractant, du vice de l'engagement pris par leur codébiteur, ils sont obligés de payer toute la dette. L'exception d'erreur, de dol ou de violence étant alors absolument personnelle à leur codébiteur, ils ne peuvent point l'opposer de leur chef au créancier. Le débiteur seul, auquel elle appartient, peut l'invoquer. Si, au contraire, ils n'ont pas eu connaissance du vice dont le consentement de leur codébiteur était entaché, ils ne sont tenus de la dette que déduction faite de sa part. Ils ont cru de bonne foi, en s'engageant, ne s'obliger que pour le tiers de la dette ; il serait injuste de leur en faire supporter la moitié. Dans cette seconde hypothèse, ils peuvent se prévaloir, ce qu'il est très important de remarquer, non point de l'exception personnelle à leur codébiteur, mais bien de leur exception propre, c'est-à-dire de l'erreur dont ils ont été victimes en s'obligeant. Nous concluons de là que, si l'un des débiteurs solidaires s'est obligé pendant qu'il était mineur ou interdit, ses codébiteurs ne peuvent opposer au créancier l'exception dérivant de son incapacité. Ils doivent alors payer toute la dette. Ils n'ont pour eux aucun motif valable pour justifier leur erreur, car elle est inexcusable. *Nemo ignarus esse debet conditionis ejus cum quo contrahit.* Ils n'avaient, en effet, s'ils avaient usé d'une circonspection commandée par les circonstances, qu'à consulter les actes de l'état civil pour être fixés sur l'état des personnes avec lesquelles ils s'engageaient solidairement, et par suite éviter de tomber dans l'erreur qu'ils ont aveuglément commise.

Nous avons dit, au commencement du paragraphe précédent, que le bénéfice du terme ou de la condition ne peut être invoqué que par celui des débiteurs, en faveur duquel il a été exclusivement stipulé par une clause spéciale insérée au contrat ; mais cela n'est pas rigoureusement exact d'une manière générale. Il peut arriver, par exemple, que l'un des débiteurs solidaires, ayant su capter les bonnes grâces du créancier par des machinations frauduleuses, conspire de concert avec lui contre ses codébiteurs, et obtienne après coup, c'est-à-dire après que l'obligation solidaire est parfaite, par des moyens plus ou moins illicites, le bénéfice du terme ou de la condition à l'insu de ses codébiteurs et sans leur consentement. Qu'en résulte-t-il alors ? Le débiteur solidaire, en agissant ainsi, ne doit point préjudicier à ses codébiteurs. Ceux-ci ont le droit d'invoquer, en cette circonstance, le bénéfice du terme ou de la condition, accordé après coup au débiteur fautif, jusqu'à concurrence de sa part. S'ils étaient tenus, lorsque le créancier viendrait à diriger ses poursuites contre eux, de payer toute la dette, il en résulterait que leur codébiteur se trouverait indirectement privé du bénéfice du terme ou de la condition, attendu qu'ils ne manqueraient point, immédiatement après le paiement de la totalité de la dette, de recourir contre lui.

Exceptions communes.

Les exceptions communes sont celles qui peuvent être opposées au créancier par tous les débiteurs solidaires. Nous en distinguerons trois classes : 1° les exceptions communes qui résultent de la nature de l'obligation ; 2° les exceptions communes qui résultent d'un vice primitif de l'obligation ; 3° les exceptions communes résultant de circonstances postérieures qui ont opéré l'extinction de l'obligation. Cette dernière classe, qui est la plus importante des trois, comprend un fort grand nombre de cas, et mérite, à ce titre, de fixer plus sérieusement notre attention.

Examinons successivement, dans l'ordre indiqué ci-dessus, ces diverses classes d'exceptions.

1° EXCEPTIONS COMMUNES QUI RÉSULTENT DE LA NATURE DE L'OBLIGATION.

Les exceptions communes, qui résultent de la nature de l'obligation, sont celles qui portent sur les éléments constitutifs de la dette elle-même. Ces exceptions sont encore désignées sous la dénomination de *réelles*. Comme elles sont absolues, chacun des débiteurs solidaires peut les invoquer, quand il est poursuivi par le créancier. Ainsi, lorsque, dans un contrat de vente immobilière, on est troublé ou on a juste sujet de craindre d'être troublé par une action, soit hypothécaire, soit en revendication, chacun des acheteurs peut, pour suspendre momentanément le paiement du prix, alléguer les deux motifs suivants. Il peut se prévaloir, auprès du vendeur, de ce qu'il y a : 1° trouble, ou 2° juste crainte d'être troublé (art. 1655).

2° EXCEPTIONS COMMUNES QUI RÉSULTENT D'UN VICE PRIMITIF DE L'OBLIGATION.

Les exceptions communes, qui résultent d'un vice primitif de l'obligation, sont celles qui ont pour fondement la nullité ou l'inexistence de la dette solidaire. Ce sont, par exemple, une nullité de formes, l'absence d'objet ou de cause, ou bien encore le caractère illicite de celle-ci.

3° EXCEPTIONS COMMUNES RÉSULTANT DE CIRCONSTANCES POSTÉ-RIEURES QUI ONT OPÉRÉ L'EXTINCTION DE L'OBLIGATION.

Les exceptions, résultant de circonstances postérieures qui ont opéré l'extinction de l'obligation, peuvent être opposées au créancier par tous les débiteurs solidaires, quoiqu'elles ne soient point engendrées par la nature même de la dette. Une cause légitime d'extinction de l'obligation, telle est la base sur laquelle ces nombreuses exceptions reposent toutes. Nous allons expliquer les divers cas dont le Code fait mention ; mais, avant d'examiner chacun d'eux, nous devons dire que certaines de ces exceptions sont absolument personnelles à l'un des codébiteurs et ne peuvent pas être invoquées par les autres pour la part de celui auquel elles appartiennent. Il en est quelques-autres aussi qui, tout en étant personnelles à l'un des copromettants, profitent cependant aux autres jusqu'à concurrence de la part de celui dans la personne duquel elles sont nées.

Voyons ces diverses exceptions.

5

Paiement.

Chacun des débiteurs solidaires peut opposer au créancier l'exception résultant du paiement. L'extinction de la créance fait disparaître fatalement le rôle de la personnalité passive. Dès le moment qu'on n'est plus débiteur, on ne peut plus être poursuivi par le créancier.

Novation.

Lorsque l'obligation, originaire est novée par le créancier vis-à-vis de l'un des débiteurs solidaires avec le consentement de celui-ci, cette substitution de la dette nouvelle à la dette primitive doit être encore classée, comme le paiement, au nombre des exceptions communes. Toutefois, si, pour cette novation, le créancier a exigé l'accession des codébiteurs à la nouvelle obligation, l'ancienne créance subsiste contre tous les débiteurs solidaires, si l'un d'eux refuse d'accéder au nouvel arrangement (art. 1281).

Le créancier qui veut nover l'obligation primitive vis-à-vis de l'un des débiteurs solidaires, et qui exige préalablement l'adhésion de ses codébiteurs à la formation de la nouvelle dette, est-il censé ne faire appel à ses coobligés que pour perpétuer la solidarité entre eux et la communiquer de leur consentement unanime à l'obligation nouvelle ? Nous répondons affirmativement. Le fait de l'exigence de l'adhésion des codébiteurs à la nouvelle dette plaide trop éloquemment en faveur du maintien intégral de ses droits, pour qu'on ose insidieusement soutenir la négative. Le créancier, en exigeant cette adhésion, a voulu incontestablement retenir le lien même de la solidarité. Ne perdons pas de vue, toutefois, les deux principes suivants : 1° la solidarité ne se présume pas; 2° toute condition doit être accomplie de la manière que les parties ont vraisemblablement voulu qu'elle le fût. En combinant convenablement ces deux principes, et en les commentant judicieusement l'un par l'autre, on résoudra exactement les cas d'une spécieuse ambiguïté.

COMPENSATION.

Lorsque deux personnes se trouvent débitrices l'une envers l'autre, il s'opère entre elles une compensation qui éteint les deux dettes, de la manière et dans les cas prévus par la section IV du titre III du livre III du Code Napoléon (art. 1289).

On peut définir ce mode d'extinction des obligations, un paiement double fictif, qui éteint deux dettes dont deux personnes sont réciproquement tenues l'une envers l'autre. Chacun des débiteurs retient, en paiement de ce qui lui est dû, ce qu'il doit lui-même à l'autre. *Melius est non solvere quàm solutum repetere.*

La compensation devient réellement une exception commune, lorsqu'elle a été opposée au créancier par le débiteur solidaire, dans la personne duquel elle est née. Ses codébiteurs sont alors libérés ; mais, si le créancier poursuit un des débiteurs auquel il ne doit rien, celui-ci ne peut pas repousser ses prétentions, en lui opposant la compensation du chef de son codébiteur (art. 1294). Cette règle est directement en contradiction avec le principe posé dans l'article 1290, qui est ainsi conçu : « La compensation s'opère de plein droit par la seule force de la loi, même à l'insu des débiteurs ; les deux dettes s'éteignent réciproquement, à l'instant où elles se trouvent exister à la fois. » Ce résultat est caractérisé par ces mots : *Compensatio est instar solutionis.* Comment se fait-il alors que la compensation, qui est assimilée par la loi au paiement, ne soit point opposable, comme lui, au créancier, par les codébiteurs de celui du chef duquel elle s'est opérée ? C'est là une des nombreuses traces laissées dans notre Droit par le Droit romain, dont on s'est, à tort, inspiré dans ce cas, sans prendre garde que la compensation, en passant dans notre Droit, a changé du tout au tout.

La compensation romaine, en effet, n'opérait jamais de plein droit. Elle était une exception proprement dite, et l'on s'explique ainsi parfaitement, que, comme elle était exclusivement personnelle à celui des débiteurs qui avait une créance contre son créancier, elle ne pût être invoquée que par lui seul. Sous Justinien même, qui apporta de grandes modifications à la législation romaine, elle devait être opposée en justice et prononcée par le juge. Le caractère de la compensation française est, au contraire, d'opérer de plein droit par la seule force de la loi.

On a donné cependant deux motifs assez plausibles de cette invraisemblance juridique :

1° Le législateur, en refusant aux débiteurs solidaires le droit d'opposer au créancier la compensation du chef de leur codébiteur, a voulu prévenir les procès vexatoires, que n'aurait pas manqué d'engendrer l'exercice de cette faculté, et dont aurait été injustement victime celui des débiteurs dans la personne duquel la compensation se serait opérée. Celui-ci se serait trouvé ainsi indirectement en butte à une foule d'ennuis, relativement à la question de savoir si la créance particulière, qu'il avait contre le créancier commun, était compensable ou non ;

2° Une dure épreuve menace les personnes tenues solidairement d'une même dette. Chacune d'elles est exposée à faire l'avance ; mais celle-là seule, sur laquelle le créancier a jeté son dévolu, ne peut se soustraire à ce périlleux devoir. Ses codébitrices peuvent, en effet, devenir insolvables d'un moment à l'autre. Si le débiteur poursuivi avait pu, au contraire, éviter de satisfaire le créancier, en faisant retomber le poids de l'obligation sur un autre, c'est-à-dire en opposant la compensation du chef de l'un de ses codébiteurs, il aurait ouvertement violé le principe, qui consiste à faire supporter le danger de l'avance à celui que le créancier a choisi.

Nous venons de voir que les codébiteurs de celui auquel appartient la créance compensable ne peuvent point l'opposer pour le tout. Mais ne peuvent-ils pas, au moins, l'opposer jusqu'à concurrence de la part qu'il doit supporter dans la dette commune? Certains auteurs soutiennent la négative ; ils se fondent sur la prohibition formelle contenue dans l'article 1294, et concluent de ses termes généraux qu'il a prévu les deux cas par une disposition unique. Nous ne saurions trop désapprouver le rigorisme de cette interprétation. L'article 1294, entendu d'une manière aussi absolue, heurte de front les principes d'utilité, d'équité, inséparables du caractère même de la compensation, et, en dernier lieu, sa nature intime qui est d'opérer de plein droit. L'affirmative nous semble évidemment préférable.

CONFUSION.

Lorsque l'un des débiteurs devient héritier unique du créancier, ou lorsque le créancier devient l'unique héritier de l'un des débiteurs, la confusion n'éteint la créance solidaire que pour la part et portion du débiteur ou du créancier (art. 1209).

La confusion existe lorsqu'un même individu se trouve à la fois débiteur et créancier d'une même dette. On ne peut être ni créancier, ni débiteur de soi-même. Voilà pourquoi, lorsque ce fait se réalise, la dette et la créance s'éteignent l'une par l'autre. Si donc, comme le prévoit l'article précité, l'un des débiteurs solidaires devient héritier du créancier ou réciproquement, il s'opère une confusion, qui éteint la créance et la dette jusqu'à concurrence de la part du codébiteur devenu l'héritier du créancier, ou auquel le créancier a succédé. Les autres débiteurs ne peuvent s'en prévaloir que jusqu'à concurrence de cette part. Les jurisconsultes romains formulaient ce résultat, en disant que la confusion *Magis personam debitoris eximit ab obligatione quàm extinguit obligationem.*

Rendons plus sensible par un exemple le premier cas indiqué par l'article 1209, c'est-à-dire lorsque l'un des débiteurs devient héritier unique du créancier. Supposons trois personnes, Paul, Pierre et Jacques, tenues solidairement d'une dette de 18,000 francs. Si Paul succède seul au créancier, la dette solidaire est éteinte jusqu'à concurrence du tiers qu'il devait supporter. Elle n'est nullement éteinte pour le surplus. Paul a donc le droit d'exiger solidairement, après avoir déduit sa part, 12,000 francs de l'un ou l'autre de ses codébiteurs. Il en est de même, lorsque le créancier devient l'héritier unique de l'un des débiteurs.

Il peut arriver qu'on soit en dehors des hypothèses prévues ; que, par exemple, l'un des débiteurs solidaires succède au créancier ou bien que le créancier succède à l'un des débiteurs en concours avec d'autres héritiers ; le cas est seulement plus compliqué, mais la règle est absolument la même.

PERTE.

La perte de la chose due, arrivée sans la faute d'aucun des débiteurs solidaires, les libère tous. Si toutefois elle est arrivée par la faute ou pendant la demeure de l'un d'entre eux, l'obligation subsiste. L'article 1205 devient alors pleinement applicable.

PRESCRIPTION.

L'exception, tirée de la prescription, est commune à tous les débiteurs solidaires. La prescription ayant, en effet, éteint la dette, tous doivent se trouver libérés.

REMISE.

Il faut distinguer la remise de la dette et la remise de la solidarité.

Remise de la dette.

La remise de la dette peut être *absolue* ou *relative*. Si elle est absolue, ce qui arrive lorsque le créancier renonce purement et simplement à sa créance, tous les débiteurs solidaires sont libérés. Elle est alors une exception commune proprement dite. Si, au contraire, elle n'est que relative à l'un des débiteurs, ce débiteur seul peut l'invoquer pour le tout. Elle profite toutefois à ses codébiteurs jusqu'à concurrence de la part qu'il doit supporter dans la dette. S'il n'en était pas ainsi, elle ne lui profiterait pas à lui-même, car le paiement de toute la dette par ses codébiteurs le soumettrait à leur recours. Mais quelle est cette part? Comment faut-il la calculer? S'agit-il de la part virile, c'est-à-dire de celle dont le chiffre est fixé par le nombre même des contractants, *pro numero virorum*, du tiers, du quart, du cinquième, suivant que les débiteurs sont au nombre de trois, de quatre ou de cinq, ou bien de la part réelle, c'est-à-dire de celle que le débiteur qui a obtenu la remise devrait définitivement supporter dans ses rapports avec ses codébiteurs? Il faut, à cet égard, user de distinctions; soient, par exemple, trois personnes, Primus, Secundus et Tertius, qui se sont choisies pour emprunter solidairement la somme de 24,000 francs. 12,000 francs tombent dans le lot de Primus, 8,000 francs dans celui de Secundus, 4,000 francs enfin dans celui de Tertius. Si le créancier restreint ensuite à la personne de Primus l'effet de la remise de la dette, en renonçant vis-à-vis de lui seulement à sa créance, faut-il déduire, après que ce fait a eu lieu, la part réelle de Primus, c'est-à-dire 12,000 francs, ou bien sa part virile, c'est-à-dire 8,000 francs? Le créancier avait-il connaissance des relations existant entre les débiteurs, c'est la part réelle qui doit être déduite. Ignorait-il, au contraire, ces relations, c'est la part virile qui doit l'être. Il est naturel, en effet, d'admettre qu'en faisant remise de la dette à l'un des débiteurs pour sa part, il a dû croire que tous les débiteurs étaient intervenus de la même manière au contrat.

Toutefois, il est important de remarquer qu'on ne se préoccupe nullement de la connaissance ou de l'ignorance du créancier relativement à l'inégalité des parts, quand la part réelle est plus faible que la part virile. Dans ce cas, la remise de la dette n'a d'effet que pour la quotité de la part réelle ; car, comme elle a été faite exclusivement au profit de celui qui l'a obtenue, les autres ne peuvent point bénéficier de la différence.

Nous pouvons conclure des règles qui régissent la remise de la dette, qu'elle est absolue et constitue une exception commune à tous les débiteurs solidaires : 1° lorsque le créancier l'a déclaré expressément ; 2° lorsqu'il a remis volontairement le titre qui constate sa créance à l'un des débiteurs (art. 1282). Dans ce dernier cas, renonçant à tout moyen de preuve, il renonce simultanément à sa créance.

Quid, si, s'adressant à l'un des débiteurs solidaires, le créancier lui fait remise de la dette dans son intérêt exclusif ? Le législateur s'est prononcé sur ce cas. La remise ou décharge conventionnelle au profit de l'un des codébiteurs solidaires libère tous les autres, à moins que le créancier n'ait expressément réservé ses droits contre ces derniers (art. 1285). La remise de la dette est absolue. Elle peut être opposée au créancier par tous les débiteurs, et par chacun pour le tout. Comment conclure, cependant, de ce que le créancier a déclaré faire remise de la dette à l'un des débiteurs seulement, qu'il a voulu faire remise à tous ? Est-ce là une déduction logique ? Non, certainement. Les faits, bien circonstanciés, nous prouvent le contraire. Le créancier, en traitant avec un seul débiteur, et en conservant par devers lui les titres de sa créance, n'a entendu faire véritablement qu'une remise partielle. L'art. 1285 viole donc le principe que les libéralités ne se présument point.

Remise de la solidarité.

Le créancier peut ne faire remise que de la modalité qui affecte l'obligation.

De même que l'on distingue la remise *absolue* de la remise *relative*, quand il s'agit de la dette, de même on distingue la remise *absolue* de la remise purement *relative* en matière de solidarité.

La remise de la solidarité est absolue, quand le créancier renonce à la solidarité dans l'intérêt de tous les débiteurs. Elle n'est que relative, lorsqu'il y renonce dans l'intérêt exclusif de l'un d'entre eux. Dans le premier cas, les débiteurs solidaires deviennent, à proprement parler, de véritables débiteurs conjoints, et la dette originaire se scinde en autant de dettes distinctes et séparées qu'il y a de débiteurs. Les liens du mandat, qui les unissaient auparavant et n'en faisaient qu'une seule et même personne représentée par chacun d'eux, disparaissent. Chacun des débiteurs ne peut plus, dès lors, être poursuivi par le créancier que pour sa part. Dans le second cas, le débiteur, dans l'intérêt exclusif duquel a eu lieu la remise de la solidarité, ne doit plus que sa part. Il ne représente plus ses codébiteurs et n'est plus représenté par eux. Aucune relation n'existe plus entre lui et ses copromettants. C'est ainsi que la demande d'intérêts, formée par le créancier contre lui, ne fait point courir les intérêts à l'égard des autres débiteurs, et, réciproquement, la demande d'intérêts, formée par le créancier contre les autres débiteurs, ne fait point courir les intérêts contre lui.

Le créancier, qui consent à la division de la dette à l'égard de l'un des codébiteurs, conserve son action solidaire contre les autres, mais sous la déduction de la part du débiteur qu'il a déchargé de la solidarité (art. 1210). La remise de la solidarité faite à l'un des débiteurs solidaires profite à ses codébiteurs jusqu'à concurrence de la part de celui dans l'intérêt duquel elle a eu lieu. Le créancier n'est point déchu de son action solidaire contre les autres débiteurs, mais il ne peut l'exercer utilement contre eux que déduction faite de la part du codébiteur qui a obtenu la remise de la solidarité. Cette part peut être virile ou réelle. Pour être fixé sur son caractère, on n'a qu'à appliquer ce que nous avons dit précédemment en nous occupant de la remise relative de la dette. Si le créancier connaissait les relations qui existaient entre les débiteurs, la portion que chacun d'eux a prise dans la somme qu'ils lui ont solidairement empruntée, c'est la part réelle qui doit être déduite. C'est, au contraire, la part virile qui doit l'être, s'il n'a pas eu connaissance de ces relations.

La remise de la dette, quoique faite à l'un des débiteurs solidaires, les libère tous, si le créancier n'a pas réservé expressément sa créance contre les autres débiteurs. Il n'en est pas ainsi, lorsque le créancier a fait seulement remise de la solidarité. Lorsque la remise de la solidarité est accordée exclusivement à l'un des débiteurs, elle n'est que relative, à moins que le créancier n'ait expressément renoncé à la solidarité dans l'intérêt de tous (art. 1210).

Les libéralités ne se présumant point, la loi a sagement décidé que le créancier, qui fait remise de la solidarité uniquement à l'un des débiteurs solidaires, ne doit pas être censé avoir voulu étendre cette faveur à tous. Mais, comment se fait-il qu'une pareille anomalie existe entre la remise de la solidarité et la remise de la dette? Cette diversité de solutions sur la même particularité est due à la diversité des sources où le Code les a puisées. Dans l'article 1285, le Code s'est inspiré de la doctrine, aussi raffinée que rigoureuse, de l'*acceptilation* romaine. Il a emprunté, au contraire, la solution contenue dans l'article 1210 à la législation plus équitable et plus rationnelle du préteur sur le *pacte* de remise.

Aux termes de l'article 1210, le créancier ne conserve son action solidaire contre les autres débiteurs que déduction faite de la part de celui qu'il a déchargé de la solidarité. Cette disposition est-elle applicable indistinctement, non seulement quand le créancier a reçu effectivement la part du débiteur déchargé, mais encore lorsque celui-ci n'a pas payé sa part? Nous devons répondre qu'elle reçoit son application dans la première comme dans la seconde hypothèse. Certains auteurs cependant sont d'avis que la première hypothèse seule doit être régie par l'article 1210 ; mais les termes géné-raux de cet article ne motivent point cette interprétation.

Le créancier ne peut point, en faisant remise de la solidarité à l'un des débiteurs, se réserver par une clause expresse le droit de poursuivre les autres sans aucune déduction. S'il n'en était pas ainsi, la position des autres débiteurs serait aggravée. Nous avons vu, en effet, que chacun des débiteurs solidaires est exposé au danger de faire l'avance, de payer pour tous les autres. Si nous supposons que les débiteurs sont au nombre de quatre, par exemple, chacun d'eux a trois chances que le créancier ne s'adressera pas à lui. Le créancier pourrait, au contraire, après avoir déchargé de la solida-rité l'un des quatre débiteurs, recourir contre les trois autres pour le tout et ne laisser par suite à chacun que deux chances, s'il avait la faculté d'em-pirer par le seul fait de sa volonté la position de chacun d'eux. Nous devons faire remarquer toutefois, que la remise partielle de la solidarité nuit toujours aux autres débiteurs, même en l'absence de cette réserve expresse. Mais il y a dans ce cas un certain dédommagement qui atténue ce préjudice. Ce dédommagement consiste en une diminution de l'avance à faire, diminution dont le quantùm est fixé par le chiffre même de la part du débiteur, dans l'intérêt duquel la remise a été faite.

La remise relative de la solidarité peut avoir lieu expressément ou taci-tement.

La remise relative de la solidarité est *tacite*, quand elle résulte de circons-tances telles, qu'elles rendent, pour ainsi dire, palpable, l'intention du créan-cier ; car *nemo facilè præsumitur juri suo renuntiare*. L'article 1211 nous indique en termes très explicites les cas dans lesquels elle doit être consi-dérée comme telle. Le créancier, qui reçoit divisément la part de l'un des débiteurs solidaires, sans réserver dans la quittance la solidarité ou ses droits en général, ne renonce à la solidarité qu'à l'égard de ce débiteur. Le créan-cier n'est pas censé remettre la solidarité au débiteur, lorsqu'il reçoit de lui une somme égale à la portion dont il est tenu, si la quittance ne porte pas que c'est *pour sa part*. Il en est de même de la simple demande formée contre l'un des codébiteurs *pour sa part*, si celui-ci n'y a pas acquiescé ou s'il n'est pas intervenu un jugement de condamnation.

Un débiteur est donc affranchi de la solidarité :

1° Lorsque le créancier lui délivre une quittance ainsi conçue : « Je déclare avoir reçu de Monsieur X... la somme de............, pour sa part dans la dette............ » En sera-t-il de même, quand la quittance délivrée par le créancier contiendra les termes suivants : « Je déclare avoir reçu de Monsieur X..., sur la somme qui m'est due solidairement par............, la somme de............ », ou bien encore quand elle portera : « Je déclare avoir reçu de Monsieur X... la somme de............ pour sa part dans la dette, mais sous toute réserve de mon droit de solidarité » ? Il est évident qu'il faut répondre négativement.

Il faut donc la réunion de trois éléments, pour qu'un débiteur solidaire soit déchargé de la solidarité. Il faut : 1° que le créancier reçoive divisément la part du débiteur ; 2° que la quittance porte que c'est pour sa part ; 3° enfin que le droit de solidarité ne soit pas réservé par une clause expresse.

2° Lorsque le débiteur a acquiescé à la demande formée contre lui pour sa part, ou lorsque, sur la même demande, il est intervenu un jugement de condamnation. Comprenons bien ce deuxième cas. Primus, Secundus et Tertius ont emprunté solidairement la somme de 12,000 francs à Quartus. Celui-ci forme contre Primus une demande à l'effet de le contraindre à payer sa part des 12,000 francs. Cette demande contient véritablement une offre de remise. Elle n'emporte pas, sans doute, de plein droit, remise de la solidarité, mais elle peut devenir parfaite par l'acquiescement de Primus. Supposons maintenant que l'un des débiteurs solidaires, lorsque le créancier le fait assigner en paiement de sa part, ne veuille point le satisfaire. La remise, dans cette hypothèse, n'existe qu'à compter du jour où il est intervenu un jugement, qui a sanctionné la demande du créancier. Celui-ci peut donc retirer sa demande, et poursuivre pour le tout le débiteur qu'il n'avait tout d'abord poursuivi que pour sa part, tant qu'il n'est pas intervenu un jugement de condamnation.

La loi a assimilé à l'acquiescement du débiteur le jugement qui sanctionne l'offre, parce que tout jugement contient un contrat judiciaire. Mais, si le créancier l'attaque par les diverses voies qui lui sont offertes, soit par l'appel, soit par l'opposition, soit par la requête civile ou le recours en cassation, et qu'il triomphe, il rentre dans la plénitude de ses droits, et conséquemment redevient maître de retirer son offre.

Le créancier, qui reçoit divisément et sans réserve la portion de l'un des codébiteurs dans les arrérages ou intérêts de la dette, ne perd la solidarité que pour les arrérages ou intérêts échus, et non pour ceux à échoir, ni pour le capital, à moins que le paiement divisé n'ait été continué pendant dix ans consécutifs (art. 1212).

Les principes, qui régissent la remise de la solidarité quant *au capital*, ne doivent nullement être altérés, lorsqu'il s'agit de la remise de la solidarité quant *aux intérêts et arrérages*. Nous dirons donc encore ici, que le créancier est réputé faire remise de la solidarité quant *aux intérêts*, lorsque chaque quittance partielle ne contient : 1° aucune réserve de solidarité ou de droits en général, et porte 2° que le paiement a été fait par le débiteur *pour sa part*. Cette remise se borne toutefois aux intérêts échus que, par une faveur tout exceptionnelle, le débiteur a été admis à payer dans la limite de sa part contributoire. La solidarité, et quant aux intérêts à échoir, et quant au capital, survit à l'extinction de la solidarité quant aux intérêts échus ; car *nemo facilè præsumitur donare*. Mais la série de paiements divisés fait présumer, de la part du créancier, l'intention de renoncer à la solidarité pour la dette elle-même, lorsque le débiteur a été admis pendant dix ans à payer, chaque année, sa part dans les intérêts échus. La disposition finale de l'article 1242 constitue encore un cas de remise tacite.

En résumé, la remise *relative* de la solidarité est *tacite* dans trois cas, savoir :

1° Lorsque le créancier, recevant un paiement *partiel*, délivre quittance en ces termes : « Je déclare avoir reçu d'un tel la somme de............., *pour sa part* dans la dette.............. » ;

2° Lorsque l'un des débiteurs solidaires, assigné par le créancier en paiement *de sa part*, a déclaré acquiescer à la demande formée contre lui, ou lorsqu'il est intervenu un jugement qui a consacré la validité de cette demande ;

3° Lorsque l'un des débiteurs solidaires a été admis pendant dix ans à payer, chaque année, *sa part* des intérêts échus.

CHOSE JUGÉE.

Un jugement, rendu au profit de l'un des débiteurs solidaires, peut-il être opposé par tous les autres au créancier ? Est-ce là encore une exception commune ? Nous devons répondre affirmativement. Car, si le créancier pouvait poursuivre les débiteurs les uns après les autres, et les engager successivement dans un circuit de procès, les débiteurs seraient la plupart du temps victimes de son indélicatesse autant que de sa mauvaise foi. Le créancier n'a aucun motif seulement plausible à invoquer pour justifier sa conduite. Pourra-t-il dire aux débiteurs, qu'il espère avoir gain de cause, en actionnant de nouveau l'un d'entre eux ? Mais les débiteurs seraient en droit de lui répliquer : de quoi vous plaignez-vous, ne succomberiez-vous pas de nouveau et toujours, en nous actionnant l'un après l'autre, puisque votre demande porte sur le même objet ? La règle, *res inter alios judicata aliis neque nocere neque prodesse potest*, nous est-elle, d'ailleurs, applicable ?

Il n'y a qu'un seul cas dans lequel la chose jugée ne doit point être rangée parmi les exceptions communes. Ce cas se présente, lorsqu'une exception purement personnelle, opposée au créancier par le débiteur mis en cause, a déterminé les juges à prononcer le jugement en sa faveur.

SERMENT.

Le serment déféré à l'un des débiteurs solidaires profite aux codébiteurs (art. 1365). Le serment se rapproche par son caractère solennel de la nature de la chose jugée, et forme, comme celle-ci, une exception commune. Bien que la loi ne se soit point prononcée sur la chose jugée, et ne l'ait point classée au nombre des exceptions pouvant être invoquées par tous les débiteurs solidaires, nous avons cru toutefois devoir la faire figurer parmi ces exceptions, à cause de sa grande analogie avec le serment.

Disons, en terminant cette énumération d'exceptions communes, que le serment du codébiteur solidaire ne profite aux autres codébiteurs, que lorsqu'il a été déféré sur la dette, et non sur le fait de la solidarité (art. 1365) ; car l'obligation peut exister, quoique n'étant pas affectée de la modalité de la solidarité.

VII. — DES RECOURS DES CODÉBITEURS SOLIDAIRES ENTRE EUX.

L'obligation, contractée solidairement envers le créancier, se divise de plein droit entre les débiteurs, qui n'en sont tenus entre eux que chacun pour sa part et portion (art. 1213). Nous avons vu, dès le début de notre sujet, que chacun des débiteurs solidaires n'est débiteur personnel que de sa part, et simple mandataire pour le surplus. Donc, en payant la dette entière, il paie en même temps et sa portion et celle de ses codébiteurs. Il doit avoir par suite le droit de recourir contre eux, à l'effet de se faire rembourser les sommes qu'il a seulement avancées.

Le codébiteur d'une dette solidaire, qui l'a payée en entier, ne peut répéter contre les autres que les part et portion de chacun d'eux (art. 1214). Il ne peut évidemment exercer son recours contre ses codébiteurs, qu'après avoir eu le soin de prélever, sur la totalité de la dette, la part qui doit définitivement tomber à sa charge. Quelle est cette part? C'est le plus souvent la part virile. Il est logique, en effet, de présumer que tous les débiteurs, étant intervenus de la même manière au contrat, y ont un intérêt égal. Mais, pour se prononcer en connaissance de cause, il faut nécessairement prendre en considération la position respective de chacun des débiteurs solidaires, c'est-à-dire s'assurer de l'intérêt que chacun d'eux a eu dans le mobile de l'obligation. Un exemple va éclaircir notre pensée : Primus, Secundus et Tertius s'associent pour emprunter solidairement à Quartus la somme de 18,000 francs. Chacun d'eux a-t-il pris dans l'emprunt une part égale, celui qui a payé toute la dette peut réclamer à chacun des deux autres un tiers de la somme empruntée, c'est-à-dire 6,000 francs. Ont-ils, au contraire, partagé la somme empruntée par portions inégales, 9,000 francs ont-ils été attribués, par exemple, à Primus, 6,000 francs à Secundus, 3,000 francs à Tertius, chacun d'eux ne doit être poursuivi par celui qui a payé que pour sa part réelle. Si Primus a payé, il réclamera 6,000 francs à Secundus, 3,000 francs à Tertius. Si c'est Secundus qui a payé, il demandera 9,000 francs à Primus, 3,000 francs à Tertius. La même solution devra être admise à l'égard de Tertius. Celui-ci, après avoir acquitté intégralement la dette, aura le droit d'exiger de Primus 9,000 francs, de Secundus 6,000 francs.

VIII. — COMMENT SE RÉPARTIT LA PERTE RÉSULTANT DE L'INSOL- VABILITÉ DE QUELQUES-UNS DES DÉBITEURS SOLIDAIRES ?

Si l'un des débiteurs solidaires se trouve insolvable, la perte qu'occasionne son insolvabilité se répartit, par contribution, entre tous les autres codébiteurs solvables et celui qui a fait le paiement (art. 1214). La loi, se fondant sur l'équité, a décidé que celui-là ne doit pas être la seule victime de la perte résultant de l'insolvabilité de l'un des débiteurs, qui, après avoir payé la dette entière, a le droit de recourir contre ses codébiteurs, à l'effet de recouvrer les fonds qu'il a employés à leur libération. Cette perte devra être supportée par chacun des débiteurs solidaires au prorata de sa part et portion.

Dans le cas où le créancier a renoncé à l'action solidaire envers l'un des débiteurs, si l'un ou plusieurs des autres codébiteurs deviennent insolvables, la portion des insolvables sera contributoirement répartie entre tous les débiteurs, même entre ceux précédemment déchargés de la solidarité par le créancier (art. 1215). Le créancier ne peut pas, en faisant remise à l'un des débiteurs, aggraver la position des autres. Aussi l'article 1215 déclare-t-il que la perte, résultant de l'insolvabilité de l'un des débiteurs, sera contributoirement répartie entre tous les débiteurs, y compris même celui que le créancier a antérieurement affranchi de la solidarité. Mais le débiteur déchargé, qui est ainsi obligé, d'une manière indirecte, de payer dans la limite de sa part contributoire, ne peut-il pas recourir contre le créancier et lui faire supporter, en définitive, les conséquences de la remise qu'il lui a faite? Il faut distinguer. La part contributoire ne tombera à la charge du créancier que lorsqu'il aura renoncé à sa créance dans l'intérêt de l'un des débiteurs exclusivement. Il s'agit, dans ce cas, de la remise de la dette; et il est vrai alors de dire que le créancier, en agissant ainsi, entend se charger, à l'égard du débiteur, de toutes les insolvabilités. Mais nous devons écarter cette solution, si nous nous plaçons au point de vue de l'article 1215, car cet article n'a trait qu'à la remise de la solidarité. Or, cette remise s'effectue, le plus souvent, sans que le débiteur ait payé sa part. Nous concluons de là, que le créancier, en faisant remise de la solidarité à l'un des débiteurs, ne veut nullement répondre de l'insolvabilité des autres codébiteurs.

Si l'affaire, pour laquelle la dette a été contractée solidairement, ne concernait que l'un des coobligés solidaires, celui-ci serait tenu de toute la dette vis-à-vis des autres codébiteurs, qui ne seraient considérés, par rapport à lui,

7

que comme ses cautions (art. 1216). Le débiteur, dans l'intérêt exclusif duquel la dette a été contractée, vient-il à satisfaire le créancier, il ne peut exercer aucun recours contre ses codébiteurs. L'un des débiteurs a-t-il payé la dette entière, il a le droit de recourir pour le tout contre lui. Dans ce cas, ses codébiteurs, véritables débiteurs solidaires vis-à-vis du créancier, ne sont, vis-à-vis de lui, que de simples cautions. S'il arrive que l'un des débiteurs, après avoir acquitté la dette, ne puisse point recourir, pour le tout, contre celui dans l'intérêt exclusif duquel la dette a été contractée, à cause de son insolvabilité, il a le droit de recourir contre chacun de ses codébiteurs pour sa part et portion (art. 2033).

IX. — DES ACTIONS PAR LESQUELLES LE DÉBITEUR QUI A PAYÉ EXERCE SON RECOURS CONTRE SES CODÉBITEURS.

Deux actions compètent au débiteur qui a payé, pour exercer son recours contre ses codébiteurs. Ces actions sont : 1° une action de *mandat* qui naît dans sa personne; 2° l'action du créancier avec tous ses accessoires, gages, privilèges ou hypothèques. Cette dernière action lui est accordée par le texte de l'article 1251, en vertu duquel la subrogation a lieu de plein droit au profit de celui qui, étant tenu avec d'autres ou pour d'autres au paiement de la dette, avait intérêt de l'acquitter. La subrogation légale n'autorise point le débiteur qui l'a obtenue, à exercer contre ses codébiteurs l'action originaire même, c'est-à-dire l'action du créancier aux droits duquel il a succédé. Le débiteur qui a payé la dette ne peut nullement poursuivre pour le tout, sa part déduite, l'un ou l'autre de ses codébiteurs. Subrogé au créancier quant à la créance, il devrait cependant pouvoir l'exercer comme le créancier aurait été en droit de le faire. Mais le législateur a prudemment rejeté la justesse apparente de cette interprétation, en s'inspirant de la nature même des relations de confraternité et de bienveillance qui unissent les débiteurs solidaires. Ces relations seraient violées, si celui qui a payé avait le droit de recourir pour le tout, mais bien entendu sa part déduite, contre l'un ou l'autre de ses co-débiteurs. Nonobstant la subrogation légale, le débiteur, qui a acquitté la dette, est toujours obligé de diviser son action contre ses codébiteurs. La loi ne veut point que l'on puisse enter solidarité sur solidarité, et multiplier les recours à l'infini. Aussi le premier alinéa de l'article 1214 prohibe-t-il expres-sément le recours solidaire dans les rapports des codébiteurs entre eux.

X. — CONCLUSION.

La solidarité passive *française* diffère, dans son essence, de la solidarité passive *romaine*.

Le Droit romain consacre de la manière la plus absolue le principe que l'obligation est *une*. Sous l'influence du génie de cette législation, chacun des débiteurs *corrés* doit personnellement la totalité de la dette. Aussi, en l'acquit-tant, n'acquitte-t-il que sa propre dette, et ne peut-il recourir, en aucune façon, contre ses codébiteurs qu'il a libérés.

Notre législation, en accordant droit de cité à la solidarité passive *romaine*, l'a dépouillée de son caractère rigide, et appropriée à nos idées. Dans notre Droit, chacun des débiteurs solidaires n'est débiteur personnel que de *sa part* ; mais il s'est formellement engagé à représenter, vis-à-vis du créancier, tous ses codébiteurs, comme s'il était seul débiteur. C'est l'irrévocabilité du *mandat*, qu'acceptent réciproquement tous les débiteurs solidaires, qui im-prime un sceau tout particulier à la solidarité passive *moderne*.

En exceptant cette différence capitale entre la législation française et la législation romaine sur la nature intime de la solidarité passive, nous devons déclarer que le Code Napoléon a fréquemment fait appel aux lois romaines. L'étude du Digeste ne peut donc répandre qu'un jour éminemment favorable sur les articles 1200 et suivants.

PROCÉDURE CIVILE.

De l'opposition.

([Art. 157-165]. — [Art. 436-438]. — [Art. 643 du Code de Commerce.])

Nous ne pouvons traiter de l'*opposition*, sans en indiquer l'origine. On la trouve dans les jugements *par défaut*.

Un jugement est *par défaut*, lorsqu'un tribunal l'a prononcé contre une partie qui n'a pas constitué d'avoué, ou contre une partie dont l'avoué n'a pas posé ses conclusions à l'audience ou bien n'y a pas comparu au jour indiqué par *l'avenir*.

Les jugements par défaut donnent lieu aux mêmes recours que les jugements *contradictoires*, et sont de plus attaquables par une voie, qui leur est propre, appelée *opposition*.

I. — DÉFINITION DE L'OPPOSITION.

On entend par *opposition* l'acte par lequel la partie défaillante, saisissant le tribunal même qui l'a condamnée, lui demande de rétracter le jugement rendu en son absence, et de prononcer de nouveau, après avoir pris connaissance de ses moyens de défense.

Les *délais* et la *forme* de l'opposition varient suivant qu'il s'agit d'un jugement par défaut *contre avoué* (ou faute de conclure, ou faute de comparution d'avoué) ou d'un jugement par défaut *contre partie* (ou faute de comparaître, ou faute de constitution d'avoué).

II. — DÉLAIS DE L'OPPOSITION.

Le jugement par défaut a-t-il été rendu *contre avoué*, le délai pour l'attaquer par la voie de l'opposition est de *huitaine,* à compter du jour de la signification faite à avoué.

Si, au contraire, le jugement par défaut est *contre partie,* l'opposition peut alors être valablement faite *jusqu'à l'exécution* du jugement.

Dans le premier cas, il n'est pas question d'une huitaine franche comme pour les *ajournements ;* on doit former opposition dans les huit jours qui suivent celui de la *signification,* sans tenir compte de ce dernier. Ainsi, un jugement, signifié le 1er, devra être attaqué le 9 au plus tard. L'opposition aurait pu être, au contraire, opportunément faite le 10, si la huitaine eût été franche. L'article 1033 du Code de Procédure civile, qui est ainsi conçu : « Le jour de la signification et celui de l'échéance ne sont point comptés dans le délai général fixé pour les ajournements etc.....» ne concerne nullement le délai d'opposition. Cet article n'a trait qu'aux significations faites à personne ou à domicile, tandis qu'il s'agit ici d'une signification faite à avoué. L'article 157 est très explicite à cet égard. Ne nous apprend-il pas, en effet, que l'opposition ne sera recevable que pendant huitaine à compter du jour de la signification ? Donc, passé ce délai, elle ne l'est plus.

Dans le second cas, lorsque le défaut est *contre partie,* l'opposition est recevable, non seulement pendant huitaine à partir du jour de la signification, mais encore après l'expiration de ce délai et jusqu'à l'exécution du jugement.

Cette différence entre les deux cas est facile à comprendre :

Dans le premier cas, la partie défaillante ne peut se faire illusion, et ne pas soupçonner qu'un jugement par défaut a dû être rendu contre elle. Elle a constitué avoué, et ne peut par suite arguer de son ignorance au sujet de l'ajournement. L'avoué dont elle a fait choix l'aura, d'ailleurs, infailliblement éclairée sur les mesures à prendre. Si elle laisse expirer le délai de huitaine sans se mettre en règle, on ne peut s'empêcher de constater qu'elle a follement renoncé à la protection de la loi. Elle avait, en effet, tout le temps voulu pour se défendre. Son inaction ne prouve qu'une chose, non point l'insuffisance du délai qui lui était accordé par la loi, mais bien le parti pris de ne pas vouloir former opposition.

Dans le second, au contraire, on est porté à penser que la partie condamnée n'ayant pas constitué d'avoué, n'a eu nullement connaissance de la demande qui a été formée contre elle. Le jugement a dû, sans doute, lui être signifié ; mais on peut vraisemblablement supposer ici qu'elle n'a reçu ni l'ajournement ni la signification du jugement.

La loi a donc été très conséquente, en accordant dans ce dernier cas un délai nécessairement plus long. La partie défaillante est admise à former opposition, tant que l'existence du jugement ne lui a pas été révélée par un acte d'exécution ; mais dès le moment qu'un acte d'exécution se produit, son inaction cessant d'être justifiée, elle est à tout jamais déchue de ce recours.

Il est important de bien déterminer le moment à partir duquel l'opposition n'est plus recevable, et pour savoir à quoi nous en tenir sur ce point, nous n'avons qu'à consulter l'aticle 159. Cet article nous donnera la solution que nous cherchons.

Il résulte de la lecture de l'article précité, que la partie défaillante condamnée ne sera privée de son recours que si l'exécution du jugement est assez avancée, pour qu'elle ne puisse pas l'ignorer. Il ne suffit donc pas que l'exécution soit seulement commencée, mais bien arrivée à un état tel que le défaillant en ait été nécessairement instruit ; en d'autres termes, un simple début d'exécution n'est pas de nature à arrêter le délai d'opposition, mais une exécution, qui sans être consommée, sans être pleine et entière, tend à le devenir, clôt irrévocablement le délai d'opposition.

C'est entre ces deux limites extrêmes, que se trouve comprise la règle que nous formulerons ainsi : pour que la partie défaillante soit privée de la voie de l'opposition, il faut qu'on soit convaincu qu'elle a dû avoir forcément connaissance des poursuites dirigées contre elle par le demandeur, ce que l'article 159 exprime en termes bien caractéristiques : « Le jugement, nous dit-il, est réputé *exécuté*, et par suite l'opposition est devenue impossible, *lorsqu'il y a eu quelque acte duquel il résulte nécessairement que l'exécution a été connue de la partie défaillante.* »

Certains actes d'exécution sont, dès qu'ils existent, réputés connus de la partie qui en est l'objet. C'est en vain qu'elle essaierait de prouver le contraire. L'essence même de ces actes condamne la partie qui les subit, et la loi lui a refusé d'une manière très explicite le droit de prouver qu'elle n'en a pas été instruite.

Ces actes ont été spécialement prévus par l'article 159.

La loi, après avoir indiqué les actes, qui, à raison de leur nature, font présumer que l'exécution a été connue du défaillant, a signalé aux juges la marche à suivre pour admettre ou rejeter ceux qui n'ont pas un caractère aussi absolument décisif.

Le jugement est réputé *exécuté*, et, par conséquent, le *dernier moment* pour former opposition est arrivé :

1° Lorsque les meubles saisis ont été vendus ;

2° Lorsque le condamné a été emprisonné ou recommandé ;

3° Lorsque la saisie d'un ou de plusieurs de ses immeubles lui a été notifiée ;

4° Lorsque les frais ont été payés ;

5° Enfin, *lorsqu'il y a eu quelque acte duquel il résulte nécessairement que l'exécution du jugement a été connue de la partie défaillante.*

Examinons séparément ces divers cas.

1° LORSQUE LES MEUBLES DU DÉFAILLANT ONT ÉTÉ SAISIS ET VENDUS.

Le demandeur, qui a gagné son procès, et qui veut mettre à exécution le jugement sur les meubles de la partie condamnée, doit commencer par le lui signifier. Une fois que cette signification a eu lieu, le second acte qu'il doit faire est la notification d'un *commandement* à l'effet de payer.

Le défaillant peut ne point se conformer à ce qui lui est prescrit par le commandement et passer outre. Mais le demandeur a le droit alors de procéder à la *saisie*.

La saisie ne peut toutefois être pratiquée qu'un jour ou vingt-quatre heures après le commandement. (art. 585 C. de P. c.)

Ensuite un *procès-verbal* mentionne la saisie, et une *copie* de ce procès-verbal est laissée ou signifiée à la partie défaillante saisie. Les articles 601 et 602 du Code de Procédure civile précisent bien nettement ces deux dernières mesures.

Enfin, on procède, après toutes ces formalités préliminaires, destinées à protéger le saisi, à la *vente* des objets saisis. L'article 617 nous apprend quelle est la marche à suivre en pareille circonstance.

Entre la signification de la saisie et la vente, il doit s'écouler un intervalle de huit jours au moins.

En résumant succinctement les différentes phases de la *saisie mobilière*, nous constatons que cette procédure comprend les éléments suivants :

1° Signification du jugement ; 2° commandement de payer ; 3° saisie (au plus tôt vingt-quatre heures après le commandement); 4° signification du procès-verbal de saisie avec indication du jour de la vente ; 5° publication

8

de la vente (un jour avant l'adjudication) par quatre affiches et les journaux du lieu.

La vente seule des meubles saisis, nonobstant la signification du jugement, le commandement, la saisie et même sa notification, est de nature à arrêter et fermer le délai d'opposition.

Tant qu'elle n'a pas eu lieu, l'opposition demeure admissible ; mais, dès que ce fait existe, le recours tout spécial accordé à la partie défaillante n'est plus recevable.

La vente des meubles saisis, à raison de la publicité qui s'y attache et de la série d'actes auxquels elle donne lieu, emporte la présomption que la partie saisie, qui ne proteste pas contre cette mesure extrême, acquiesce au jugement.

2° Lorsque le condamné a été emprisonné ou recommandé.

La *recommandation* était l'acte par lequel un créancier, qui avait obtenu une condamnation avec contrainte par corps(1), déclarait à la prison où son débiteur se trouvait déjà incarcéré à la requête d'un autre créancier, qu'il s'opposait à ce qu'il fût relâché avant qu'il eût été intégralement payé (art. 792 du Code de Procédure civile.)

Le débiteur *recommandé*, qui recevait des mains du geôlier la copie du procès-verbal de recommandation, sans déclarer à l'instant même qu'il entendait user de son droit d'opposition, et qui se laissait maintenir en prison, ne pouvait plus se porter opposant au jugement par défaut.

---

(1) Supprimée en matière commerciale, civile et contre les étrangers, par la loi du 15 avril — 22 juillet 1867.

3° Lorsque la saisie d'un ou de plusieurs de ses immeubles lui a été notifiée.

Remarquons la différence qui existe entre le premier cas et celui-ci :

Dans le premier, il faut que les meubles saisis aient été vendus, pour que l'opposition ne puisse plus être utilement formée.

Dans le troisième, au contraire, la simple *notification* de la saisie produit un résultat identique.

Cette distinction entre la vente des meubles après saisie et la notification de la saisie des immeubles, qui tendent à un même but, celui de clore le délai de l'opposition, dès qu'elles existent, est tout-à-fait rationnelle. La saisie *immobilière* est, en effet, par sa nature et par sa gravité, appelée à être environnée d'une publicité telle, qu'on ne peut pas admettre que le débiteur n'en ait pas eu connaissance, même avant la notification qui lui en a été faite.

4° Lorsque les frais ont été payés.

La partie, qui a payé les frais du procès, ne peut plus former opposition. Le paiement qu'elle a fait est considéré par la loi comme un acquiescement tacite au jugement, et lui fait perdre le droit de l'attaquer.

5° Lorsqu'il y a eu quelque acte duquel il résulte nécessairement que l'exécution du jugement a été connue de la partie défaillante.

Tout *acte d'exécution*, quel qu'il soit, qui parvient à la connaissance du défaillant, entraîne la déchéance du droit d'opposition, s'il n'en use pas à ce moment même.

La loi, ne pouvant prévoir tous les cas qui pouvaient se présenter, a été forcée d'abandonner à la sagacité et à l'appréciation des juges ceux qu'il lui était impossible de régler. Mais les tribunaux, s'inspirant des actes d'exécution légalement déterminés, attribueront le même effet aux actes d'une nature identique, qui présenteront la plus grande analogie avec ceux spécialement prévus.

Il est possible qu'un des actes d'exécution, mentionné par l'article 159, ne soit pas arrivé à un développement tel que l'opposition ne soit plus recevable. Jusque là cet article n'est pas applicable ; mais ne le deviendra-t-il pas, si ce même acte est couronné, complété par un autre acte, qui, en venant se joindre à lui, fait présumer que l'exécution seulement commencée a été forcément connue de la partie défaillante ? Il est évident qu'il faut répondre affirmativement.

L'article 598 et l'article 599 du Code de Procédure civile vont nous fournir l'exemple qui nous est indispensable pour corroborer ce que nous avançons.

Ne pourront être établis gardiens, dit l'article 598, le saisissant, son conjoint, ses parents et alliés jusqu'au degré de cousin issu de germain inclusivement, et ses domestiques ; mais le saisi, son conjoint, ses parents, alliés et domestiques pourront être établis gardiens de leur consentement et de celui du saisissant.

Le procès-verbal, dit l'article 599, sera fait sans déplacer ; il sera signé par le gardien en l'original et la copie, etc.....

Précisons bien les faits qui résultent de ces deux articles. L'huissier se présente chez le défaillant pour saisir ses meubles. Celui-ci consent à devenir gardien des objets saisis, est accepté comme tel par le saisissant, et signe après cela le procès-verbal de la saisie.

Devra-t-on, après l'accomplissement de ces divers actes, admettre encore l'opposition ? Dira-t-on qu'elle est recevable, tant que les meubles saisis n'ont pas été vendus, et invoquera-t-on, à l'appui de cette assertion, les termes mêmes de l'article 159? Qui ne voit la fausseté de cette doctrine?

Les meubles saisis, il est vrai, n'ont pas été vendus, et ce n'est qu'après la consommation de cet acte, que la loi prononce que l'opposition n'est plus recevable. Mais que devient alors le cinquième cas prévu par l'article précité? Osera-t-on soutenir que le premier et le cinquième cas diffèrent essentiellement l'un de l'autre, que l'antagonisme le plus flagrant existe entre eux? Evidemment non, cette contradiction n'existe pas. L'article 159, sainement compris, dissipe tous les doutes à ce sujet.

Comment faut-il comprendre, d'après l'esprit de la loi, l'inadmissibilité de l'opposition? L'opposition est inadmissible, lorsque l'inaction du défaillant est inexcusable. Quand ce moment suprême est-il arrivé? La loi nous l'apprend, lorsqu'après avoir énuméré les divers cas dans lesquels ce résultat a lieu, elle conclut, d'une manière générale, en disant que tout acte d'exécution, qui est appelé à faire connaître à la partie défaillante l'exécution du jugement, arrête le délai d'opposition. Elle comprend, dans ce dernier cas, tous ceux qui paraîtront aux juges d'une nature analogue à ceux expressément indiqués.

Or, l'exemple que nous avons choisi, présentant incontestablement le caractère exigé par l'article 159, doit être régi par les mêmes dispositions et entraîner les mêmes conséquences.

Le défaillant saisi a dû, en effet, inévitablement être instruit de la saisie, puisqu'il a signé le procès-verbal qui en fait foi. Il aurait pu déclarer, à ce moment même, qu'il se portait opposant au jugement. Il n'a pas agi ainsi. N'est-ce pas là une renonciation formelle au droit d'opposition?

Nous pouvons conclure, de tout ce que nous avons dit précédemment, que le défaillant n'est plus admis à former opposition, dès que : 1° un simple début, un fragment d'exécution lui a été révélé par un acte, qui emporte avec lui la preuve légale qu'il l'a nécessairement connu; 2° la consommation de l'exécution du jugement a eu lieu.

Ce deuxième cas mérite une explication.

De quelque manière que l'exécution achevée et consommée du jugement se soit produite, elle fait tomber, par le seul fait de son existence, le droit d'opposition. De quelque nature qu'elle soit, sans qu'il y ait à distinguer si elle est due à une série d'actes ou à un acte unique, et si elle a été connue ou non de la partie défaillante, elle arrête instantanément le délai d'opposition. Supposons, par exemple, qu'un mariage ait été autorisé par un jugement rendu par défaut; dès qu'il sera célébré, l'opposition ne sera plus recevable.

III. — FORMES DE L'OPPOSITION.

Il s'agit encore ici d'examiner deux cas :

1° Lorsque le jugement par défaut a été rendu *contre avoué*.

2° Lorsque le jugement par défaut a été rendu *contre partie*.

Voyons ces deux cas :

Premier cas : JUGEMENT PAR DÉFAUT CONTRE AVOUÉ.

Si le jugement est par défaut *contre avoué*, l'opposition doit être formée par *requête* d'avoué à avoué.

Cette requête, qui est signifiée à l'avoué adverse par un huissier *audiencier*, contient la déclaration de l'opposition de la partie défaillante condamnée.

La requête doit être signée de l'avoué de l'opposant, et doit contenir les moyens d'opposition, à moins que des moyens de défense n'aient été signifiés avant le jugement, auquel cas il suffira de déclarer qu'on les emploie comme moyens d'opposition (art. 161).

L'opposition qui ne sera pas signifiée dans cette forme n'arrêtera pas l'exécution ; elle sera rejetée sur un simple acte, et sans qu'il soit besoin d'aucune autre instruction (art. 161). L'opposition non motivée n'est donc point suspensive de l'exécution.

La requête, qui n'est point conforme aux prescriptions de l'article 161, peut être seulement irrégulière en la forme ou complètement nulle.

L'opposant, d'ailleurs, qui n'aurait pas exposé tous ses moyens dans sa première requête, peut recourir à une seconde requête pour les compléter; mais ce second acte n'entrera pas en taxe.

Deuxième cas : JUGEMENT PAR DÉFAUT CONTRE PARTIE.

Lorsque le jugement par défaut a été rendu contre une partie n'ayant pas constitué d'avoué, la loi a organisé une procédure spéciale.

Elle a permis au défaillant de former opposition de deux manières :

1° Par un *acte extrajudiciaire ;*

2° Par une *déclaration* sur les commandement, procès-verbaux de saisie, ou tout autre acte d'exécution.

Un *acte extrajudiciaire* est, d'une manière générale, un acte qui ne s'adresse pas directement à la justice. L'*acte extrajudiciaire,* dont parle l'article 162, est un exploit que le défaillant fait signifier à son adversaire, et par lequel il lui déclare son intention de s'opposer au jugement.

Le défaillant peut encore, quand l'huissier se présente chez lui pour lui signifier un acte d'exécution, un commandement, par exemple, lui déclarer qu'il se porte opposant au jugement, et exiger que l'huissier fasse mention de sa *déclaration* sur le commandement qu'il lui notifie. Il a de même le droit, quand l'huissier vient saisir ses meubles, en d'autres termes pratiquer une saisie, de faire constater sur le procès-verbal de saisie, dressé par l'officier ministériel, sa *déclaration* d'opposition. Cette déclaration a pour effet de suspendre, dès le moment même qu'elle est faite, l'exécution du jugement.

Le défaillant peut donc choisir entre les deux modes que la loi a organisés en sa faveur, et se décider, suivant les circonstances, pour l'un plutôt que pour l'autre.

S'il ne veut pas être prévenu, s'il a hâte de devancer la consommation des actes d'exécution qu'il redoute, il recourra au premier mode, à l'acte extra-judiciaire.

Dans le cas contraire, c'est le second dont il se servira.

L'opposition faite suivant l'un ou l'autre des deux modes indiqués ci-dessus suffit, il est vrai, provisoirement pour suspendre l'exécution du jugement ; mais elle n'est pas encore parfaite.

Elle ne devient complète, qu'à la charge par l'opposant de la réitérer avec constitution d'avoué, par requête, dans la huitaine ; passé lequel délai, elle ne sera plus recevable, et l'exécution sera continuée, sans qu'il soit besoin de le faire ordonner (art. 162).

La requête, dont il est ici question, bien que l'article 162 n'en fasse point mention, doit contenir l'exposé des moyens d'opposition.

Dans aucun cas les moyens d'opposition, fournis postérieurement à la requête, n'entreront en taxe.

La loi a prévu le cas où l'avoué de la partie gagnante est décédé ou a cessé de postuler ; si l'avoué de la partie qui a obtenu le jugement est décédé, ou ne peut plus postuler, elle fera notifier une nouvelle constitution d'avoué au défaillant, lequel sera tenu, dans les délais ci-dessus, à compter de la signification, de réitérer son opposition par requête, avec constitution d'avoué.

La partie gagnante, dont l'avoué est décédé ou a cessé de postuler, qui ne se préoccupe pas de faire notifier une nouvelle constitution d'avoué à son adversaire, ne peut point, par une négligence calculée, rendre vain le droit d'opposition accordé à celui-ci.

La partie défaillante, en présence de l'inaction du demandeur, peut triompher de cet obstacle, en recourant à une mesure efficace. Elle peut, en effet, s'adresser à un huissier et le charger de lui signifier, à sa personne ou à son

domicile, une requête en réitération d'opposition avec assignation en constitution de nouvel avoué.

IV. — EFFETS DE L'OPPOSITION.

Quand l'opposition est régulière, elle produit deux effets principaux :

1° Elle arrête ou suspend l'exécution du jugement, à moins qu'il n'ait été
déclaré *exécutoire par provision.*

2° Elle autorise l'opposant à présenter sa défense et à demander la rétrac-
tation du jugement par défaut rendu contre lui.

Examinons l'un après l'autre ces deux effets.

1° ELLE ARRÊTE L'EXÉCUTION DU JUGEMENT, A MOINS QU'IL N'AIT ÉTÉ DÉCLARÉ EXÉCUTOIRE PAR PROVISION.

Elle arrête l'exécution du jugement, mais elle doit réunir certaines conditions pour être suspensive de l'exécution. Elle doit être faite dans les délais et dans les formes prescrits par la loi.

L'opposition, dit la fin de l'article 159, qui sera formée dans les formes et
les délais légaux, suspendra l'exécution, si elle n'a pas été ordonnée nonobstant opposition.

On peut se demander, après cela, l'intérêt qu'a la partie gagnante à faire
rejeter l'opposition, quand elle est irrégulière. On ne peut pas faire annuler
ce qui est déjà nul, et l'opposition irrégulière, étant considérée comme telle, ne
justifie en aucune façon cette tentative. L'opposition irrégulière, en effet, n'arrête pas l'exécution du jugement. A quoi bon alors la faire écarter, puisqu'elle peut ne pas en tenir compte, et poursuivre l'exécution du jugement?

Si les choses se passaient toujours ainsi, la démarche de la partie gagnante
n'aurait aucune raison d'être ; mais il peut arriver que l'irrégularité de l'opposition ne soit qu'apparente. On devine alors les conséquences qu'entraîne

9

le maintien de l'opposition, considérée à tort comme irrégulière. Les actes d'exécution, postérieurs à l'opposition, sont annulés de plein droit.

Il est donc très important, pour la partie gagnante, d'être fixée sur la régularité ou l'irrégularité de l'opposition formée par le défaillant. Aussi pour peu que la régularité du recours lui paraisse suspecte, elle devra suspendre l'exécution du jugement et s'adresser sur-le-champ à la justice.

La partie *restrictive* du premier effet de l'opposition étant complètement en dehors de notre sujet, nous ne ferons que l'effleurer.

L'opposition, avons-nous dit, suspend l'exécution du jugement, à moins qu'il n'ait été déclaré *exécutoire par provision*.

Ceci est confirmé par l'article 155.

Les jugements par défaut ne seront pas exécutés avant l'échéance de la huitaine de la signification à avoué, s'il y a eu constitution d'avoué, et de la signification à personne ou à domicile, s'il n'y a pas eu constitution d'avoué ; à moins qu'en cas d'urgence l'exécution n'en ait été ordonnée avant l'expiration de ce délai, dans les cas prévus par l'article 155 (s'il y a eu titre authentique, promesse reconnue, condamnation précédente par jugement dont il n'y a pas d'appel). Pourront aussi les juges, dans le cas seulement où il y aurait péril en la demeure, ordonner l'exécution nonobstant l'opposition, avec ou sans caution, ce qui ne pourra se faire que par le même jugement.

Les actes d'exécution, qui ne peuvent pas être pratiqués avant l'expiration de la huitaine, sont les actes d'exécution proprement dits ; mais les actes *conservatoires* ne sont nullement interdits. La partie gagnante peut très bien, par exemple, prendre une hypothèque judiciaire sur les biens du défaillant.

Ainsi la possibilité de l'exercice du droit d'opposition fait qu'un jugement par défaut ne peut être exécuté avant l'échéance de la huitaine de la signification à avoué, s'il y a eu constitution d'avoué, et de la signification à personne ou à domicile, s'il n'y a pas eu constitution d'avoué ; sauf la restriction apportée à cette règle par la fin du premier alinéa de l'article 155. L'exercice lui-même du droit d'opposition entraîne la suspension définitive de l'exécution du jugement, à moins que les juges n'aient prononcé l'exécution provisoire nonobstant l'opposition.

2° ELLE AUTORISE L'OPPOSANT A PRÉSENTER SA DÉFENSE ET A DEMANDER LA RÉTRACTATION DU JUGEMENT.

Ce deuxième effet peut être plus nettement formulé, en disant : elle autorise l'opposant à plaider sur la double question de la *régularité* de son opposition quant à la *forme* et quant au *fond*.

L'office du tribunal saisi de l'opposition consiste à examiner ces deux particularités, et à se prononcer sur chacune d'elles.

Si les délais et les formes indiqués par la loi ont été rigoureusement observés, le tribunal constatera que l'opposition est recevable.

Lorsqu'il la jugera, au contraire, *irrégulière*, il la déclarera non-recevable et alors tout sera fini. Le jugement deviendra définitif, dès ce moment, à moins que les délais pour faire opposition ne soient pas expirés. Le défaillant a le droit en effet, tant que ces délais ne sont pas expirés, de former une nouvelle opposition.

Lorsque le tribunal saisi de l'opposition a prononcé qu'elle est *régulière* quant à la *forme*, il passe alors à l'examen de la seconde particularité, et décide si elle est *régulière* en outre quant au *fond*, c'est-à-dire si les moyens justificatifs de l'opposition sont de nature à rendre admissible la réformation du jugement par défaut.

Quand les juges reconnaissent l'opposition fondée dans ses motifs, l'opposant est affranchi, à l'instant même, de la condamnation portée par le premier jugement. Ils procèdent alors à la prononciation d'un nouveau jugement.

Si, au contraire, ils la rejettent parce qu'elle n'est pas telle, ils prononcent le maintien pur et simple du premier jugement. On dit, en cette circonstance, que le jugement *sort* (produit) son plein et entier effet.

La partie condamnée par défaut, qui a attaqué le jugement par la voie de l'opposition, est obligée de se présenter sur l'opposition, si elle ne veut en être *déboutée*. C'est là l'application de l'adage : *opposition sur opposition ne vaut.*

Il y a une distinction à faire entre le défaut de *comparution* du défaillant et celui du demandeur primitif lors de l'opposition.

Dans le premier cas, le deuxième jugement, quoique rendu *par défaut*, est mis au nombre des jugements *contradictoires*. Il était urgent de priver le défaillant du droit de paralyser indéfiniment sa condamnation à l'aide d'une série interminable d'oppositions.

Dans le second cas, au contraire, le même deuxième jugement est réputé *par défaut* à l'égard du demandeur primitif, qui peut par suite y former opposition. On ne voit pas, en effet, pourquoi, dans une circonstance absolument la même, la loi aurait accordé au défaillant et refusé au demandeur primitif le droit de former opposition.

V. — DE LA MENTION QUI DOIT ÊTRE FAITE DE L'OPPOSITION SUR UN REGISTRE EXISTANT A CET EFFET AU GREFFE DU TRIBUNAL.

L'avoué de l'opposant est obligé de se conformer à ce qui lui est prescrit par l'article 163.

Il sera tenu de faire mention sommaire de l'opposition sur un registre spécial déposé au greffe, en énonçant les noms des parties et de leurs avoués, les dates du jugement et de l'opposition.

La sérieuse utilité de cette mention est sanctionnée par l'article 164, qui est ainsi conçu : Aucun jugement par défaut ne sera exécuté à l'égard des tiers que sur un certificat du greffier, constatant qu'il n'y a aucune opposition portée sur le registre.

Il peut arriver, et il arrive même souvent que des *tiers*, c'est-à-dire des personnes qui n'ont pas figuré au procès, sont forcés d'exécuter certaines clauses d'un jugement, par exemple, la restitution de l'objet litigieux par un *séquestre ;* — le paiement d'une somme par un *tiers saisi.*

Développons ce dernier exemple.

Pierre, qui me doit cinq cents francs, est créancier de Paul pour une somme égale. Après avoir saisi entre les mains de Paul la somme que me doit Pierre, j'obtiens contre celui-ci un jugement par défaut qui maintient la validité de ma saisie. Paul est par suite obligé d'effectuer entre mes mains le paiement de la somme qu'il devait à Pierre. Mais il ne devra me payer cette somme que sur un certificat du greffier, constatant que Pierre ne s'est pas porté opposant au jugement obtenu contre lui.

Ainsi donc les tiers ne sont tenus d'accomplir les actes prescrits par un jugement, que lorsqu'une opposition n'en aura pas suspendu l'exécution. Dès que l'opposition existe, ils ont le droit de ne pas accomplir les actes qu'on exige d'eux. La partie gagnante, qui veut vaincre leur obstination, doit leur communiquer un certificat du greffier, destiné à prouver qu'il n'y a aucune opposition portée sur le registre *ad hoc.*

VI. — DES JUGEMENTS PAR DÉFAUT QUI NE SONT POINT SUSCEPTIBLES D'OPPOSITION.

En principe, tous les jugements *par défaut* sont attaquables par la voie de l'opposition.

Toutefois l'opposition n'est point admise contre les jugements *par défaut* qui suivent :

1° Contre les jugements *par défaut* qui ont *débouté* d'une première *opposition :* *opposition sur opposition ne vaut ;*

2° Contre les jugements *par défaut profit joint ;*

3° Contre les jugements par *forclusion,* c'est-à-dire contre les jugements *par défaut* faute de produire des pièces sur *délibéré* ou *instruction par écrit.*

VII. — DIFFÉRENCES QUI EXISTENT ENTRE LE DÉFAUT CONTRE AVOUÉ ET LE DÉFAUT CONTRE PARTIE.

Les différences que nous avons dû signaler, dans les limites de notre cadre, entre le défaut *contre avoué* et le défaut *contre partie,* sont au nombre de deux :

Lorsque le défaut est *contre avoué,* 1° l'opposition est recevable pendant huit jours, à partir de la signification ; 2° elle se forme d'une seule manière par *requête* d'avoué à avoué avec exposé des moyens.

Lorsqu'au contraire le défaut est *contre partie,* 1° l'opposition est recevable tant que le jugement n'est pas exécuté (art. 158) ; 2° elle se forme de deux manières, par *acte extrajudiciaire* ou par *déclaration* sur un acte d'exécution ; sauf, dans les deux cas, à la renouveler dans la huitaine, par *requête,* avec constitution d'avoué.

VIII. — DE LA MANIÈRE D'ATTAQUER LES JUGEMENTS PAR DÉFAUT RENDUS PAR LES TRIBUNAUX DE COMMERCE.

En matière civile, nous avons deux espèces de *défauts :*

1° Le *défaut* faute de comparaître ou de constituer avoué ;

2° Le *défaut* faute de plaider ou de conclure.

Ces deux espèces de *défauts* se distinguent l'une de l'autre par de nombreuses différences, qui sont, outre celles que nous avons indiquées dans la section VII, les suivantes :

Lorsque le défaut est *contre avoué*, 1° le jugement est signifié par un huissier *ordinaire ;* 2° il peut être exécuté pendant *trente ans.*

Lorsqu'au contraire le défaut est *contre partie,* 1° le jugement est signifié par un huissier *commis ;* 2° il doit être exécuté dans les *six mois* de son obtention, sinon il est périmé, c'est-à-dire non avenu.

Le Code de Procédure civile avait organisé, quant aux matières *commerciales,* un système inadmissible.

En effet, d'après l'article 435, aucun jugement *par défaut* ne peut être signifié que par un huissier commis à cet effet par le tribunal, et d'après l'article 436, l'opposition n'est plus recevable après la huitaine du jour de la signification.

Comment concilier entre elles les dispositions contenues dans ces deux articles ?

D'après l'article 435, tout jugement *par défaut* doit être signifié par un huissier *commis.* Il en résulte que les jugements *par défaut,* rendus par les tribunaux de commerce, doivent être régis indistinctement par les mêmes principes que les jugements *par défaut,* rendus en matière civile, lorsque la partie condamnée n'a pas *comparu* ou n'a pas *constitué d'avoué.*

D'après l'article 436, au contraire, sans distinguer si la partie condamnée a *comparu,* ou si, après avoir *comparu,* elle a fait défaut faute de *plaider* ou de *conclure,* elle doit former opposition dans la huitaine à partir du jour de la signification. Ici les jugements *par défaut,* rendus par les Tribunaux de Commerce, sont uniformément confondus avec les jugements *par défaut,* rendus en matière civile, lorsque le défendeur est condamné faute de *plaider* ou de *conclure.*

De plus, comme des limites n'avaient pas été assignées par la loi à l'*exécution* des jugements dont nous nous occupons, on avait admis que la prescription *trentenaire*, qui est de droit commun, leur était pleinement applicable.

L'article 643 du Code de Commerce est venu modifier cette théorie, et saper tout ce qu'il y avait d'anormal en elle..

Cet article est ainsi conçu : Les articles 156, 158 et 159 du Code de Procédure civile, relatifs aux jugements *par défaut* rendus par les tribunaux inférieurs, s'appliquent également aux jugements *par défaut* rendus par les Tribunaux de Commerce.

Ainsi, ils doivent :

1° Etre signifiés par un huissier *commis* (art. 156) ;

2° Etre exécutés dans les *six mois* de leur obtention, sinon ils seront réputés non avenus (art. 156).

Ils peuvent de plus être attaqués par la voie de l'opposition jusqu'à l'*exécution* (art. 158) fixée par l'article 159.

L'article 436 du Code de Procédure civile se trouve donc totalement modifié par l'article 643 du Code de Commerce.

L'opposition, formée contre un jugement *par défaut* rendu par un tribunal de commerce, devra contenir les moyens de l'opposant et assignation dans le délai de la loi. Elle devra être signifiée au domicile élu, ou, si l'opposant le préfère, au domicile réel du demandeur (art. 437)..

Faite, à l'instant de l'exécution, par une déclaration constatée sur le procès-verbal de l'huissier, l'opposition entraînera la suspension de l'exécution du jugement, à la charge, par l'opposant, de la réitérer dans le délai de trois jours, et non point dans le délai de huitaine, comme en matière civile (art. 162), par exploit contenant assignation. Passé ce délai, elle sera, faute de cette réitération, censée non avenue (art. 438).

DROIT COMMERCIAL.

Des obligations de l'assureur.

On entend, d'une manière générale, par *assurance*, un traité par lequel une ou plusieurs personnes s'engagent, moyennant une redevance convenue, à dédommager un ou plusieurs individus de la destruction ou de la perte fortuite de certains objets spécialement déterminés.

Il y a deux sortes d'assurances : l'*assurance à prime* et l'*assurance mutuelle*.

L'*assurance à prime* est le contrat par lequel une personne, appelée *assureur*, prend à sa charge, vis-à-vis d'une autre, appelée *assuré*, moyennant un certain prix nommé *prime*, la réparation des détériorations ou les pertes auxquelles la chose de l'*assuré* peut se trouver exposée par suite de cas fortuits.

L'*assurance mutuelle* est le contrat par lequel plusieurs individus, courant le même danger, organisent, en vue de leur association, un mode de répartition, qui tient à la fois de la nature de la centralisation et de la contribution. Chacun des membres de cette sorte de société supporte les pertes communes, proportionnellement à l'intérêt qu'il y a, et remplit ainsi le double rôle d'*assureur* et d'*assuré*.

La SANTA-HERMANDAD *(Sainte-confraternité)*, qui date du XVIe siècle, est le type le plus curieux des assurances mutuelles. Cette institution était une association formée entre les populations des villes et des bourgs d'Espagne, association qui avait pour mission d'opposer une vigoureuse résistance aux attentats vexatoires des seigneurs, de prévenir, en veillant constamment à la sûreté des routes, les crimes qu'on commettait à cette époque dans les endroits dépeuplés, et de réparer surtout les pertes et les dommages, portant soit sur les personnes, soit sur les biens des associés, au moyen d'une cotisation réciproque, proportionnée à l'avoir de chacun.

S'il est permis de contester aux Juifs l'invention des assurances, on ne peut toutefois s'empêcher de reconnaître que cette importante branche de commerce fut avantageusement cultivée par eux, lorsque Philippe-Auguste les chassa de France en l'an 1182. Elles leur furent alors d'un grand secours pour faciliter le transport de leurs effets. Ils s'en servirent de nouveau en l'an 1321, sous le règne de Philippe-le-Long, qui les expulsa également du royaume.

L'assurance à prime, qui se distingue par son caractère de spéculation, est véritablement une opération commerciale, tandis que l'assurance mutuelle, qui est formée dans un tout autre but, ne peut point être classée au nombre des actes de commerce.

Aussi notre Droit commercial ne s'occupe-t-il que de l'assurance *à prime*, assurance dans laquelle l'assureur répond uniquement des *risques* et *fortunes de mer*.

L'ordonnance de la marine de 1681, à laquelle le Code de Commerce actuel n'a apporté que très peu de modifications, composait autrefois toute notre législation sur la matière des assurances.

Le Code de Commerce ne traite du contrat d'assurance qu'au point de vue des risques maritimes.

Le *contrat d'assurance maritime* est une convention par laquelle l'assureur s'engage envers l'assuré, moyennant une prime, à l'indemniser des détériorations ou pertes, qui menacent des objets exposés aux *risques de mer*.

Cette convention s'établit par un écrit dit *police d'assurance*.

Le contrat d'assurance maritime est à la fois *consensuel, synallagmatique*, à titre *onéreux* et *aléatoire*.

Il doit, pour exister valablement, réunir plusieurs conditions.

Ces conditions sont au nombre de cinq :

1° Le consentement et la capacité des parties ;

2° Une ou plusieurs choses qui soient assurées par l'un des contractants, l'assureur ;

3° Des risques auxquels cette chose soit ou doive être exposée, risques dont l'assureur est responsable ;

4° Un prix que l'assureur doive payer à l'assuré, si les objets assurés viennent à périr (l'assureur n'est toutefois grevé de cette obligation que si cette perte résulte d'un cas fortuit, et s'il s'est chargé de plus du cas fortuit qui s'est réalisé) ;

5° Enfin une somme convenue, que l'assuré donne ou promette de donner à l'assureur, appelée prime.

Nous allons seulement étudier la troisième et la quatrième condition, qui se rapportent au sujet que nous avons à traiter.

L'obligation *dominante* de l'assureur consiste à rembourser à l'assuré le montant des pertes éprouvées par celui-ci.

L'assureur est tenu, suivant les circonstances, de payer à l'assuré la somme portée en la police, lorsque les objets assurés ont péri totalement ou quasi totalement, ou à le dédommager des avaries causées auxdits objets par quelque accident de force majeure.

Il répond de toutes pertes et dommages qui arrivent aux choses assurées par tempête, naufrage, échouement, abordage fortuit, changements forcés de route, de voyage ou de navire, par jet, feu, prise, pillage, arrêt par ordre de puissance, déclaration de guerre, représailles, et généralement par toutes les autres fortunes de mer (art. 350).

Pothier donne l'explication qui suit des *fortunes de mer* :

Les risques, dont les assureurs se chargent par la nature du contrat d'assurance, sont, dit-il, les pertes et dommages qui arrivent par quelque cas de force majeure, à laquelle on ne peut résister, *vis divina*.

Mais ce n'est point là une explication exacte. Aussi faut-il rejeter la doctrine de Pothier sur ce point.

Toutes les pertes et tous les dommages, qui surviennent en mer à la chose assurée par cas fortuit, sont compris dans cette expression, *fortunes de mer*. L'assureur répond de tout sinistre qui arrive sur la mer : *præstare tenetur quodcumque damnum obveniens in mari*. Les parties peuvent toutefois apporter des restrictions à cette règle générale.

L'assureur n'est point tenu de réparer les pertes et dommages qui sont dus au fait ou à la faute de l'assuré. Il est affranchi de toute responsabilité. s'il y a, par exemple, changement de route, de voyage, de navire, par le fait de l'assuré, et n'en gagne pas moins la prime, *s'il a commencé à courir les risques* (art. 351).

Il est juste que l'assuré ne puisse point faire rejaillir sur l'assureur les dommages dont il est l'auteur.

Il n'est même pas permis de convenir que l'assureur sera tenu des dommages provenant directement des faits de l'assuré.

Pothier s'exprime ainsi à cet égard : Il est évident que je ne peux pas valablement convenir avec quelqu'un, qu'il se chargera des fautes que je commettrai.

L'assureur doit prouver la faute ou les fautes dont il excipe : *ei incumbit probatio qui dicit, non ei qui negat*.

Il ne répond point du sinistre, même lorsque la faute de l'assuré en a été seulement la cause *médiate*. L'assureur, dit Pothier, n'est pas tenu des risques, lorsqu'on s'est écarté de ce qui est porté par la police, si ce n'est de son consentement ou en cas de nécessité.

L'assureur n'est nullement responsable des déchets, diminutions et pertes qui arrivent par le vice propre de la chose, ainsi que des dommages causés par le fait ou la faute des propriétaires, affréteurs ou chargeurs (art. 352). Il peut toutefois, par une clause spéciale insérée dans la police, s'engager à les prendre à sa charge, bien qu'il n'y ait pas là de *risques maritimes* proprement dits.

L'assureur n'est point tenu des prévarications et fautes du capitaine et de l'équipage, connues sous le nom de *baraterie du patron*, s'il n'y a convention contraire (art. 353).

Pasquier fait dériver *baraterie* du mot *barat*, vieux mot qui signifiait tromperie, fraude, astuce, ruse.

La *baraterie* consiste dans les malversations frauduleuses du capitaine. Un capitaine n'est communément coupable du délit de baraterie, que lorsque ses actes sont entachés de dol. Mais la baraterie s'étend aussi au cas de simple faute. Cette opinion est confirmée par Valin et Pothier, qui s'accordent à reconnaître que le terme *baraterie* comprend le cas de simple faute, tout comme celui de dol.

L'imprudence et l'impéritie du capitaine et des gens de l'équipage sont encore qualifiées par l'expression *baraterie du patron*.

L'assureur ne répond des prévarications du patron et de l'équipage, qu'à la condition de s'en être chargé par la police.

Peut-on faire figurer la baraterie au nombre des fortunes de mer?

Valin dit que, par la nature du contrat d'assurance, l'assureur n'est chargé de droit que des pertes qui arrivent par cas fortuit, par fortune de mer; ce qui, ajoute-t-il, est tout-à-fait étranger aux fautes que peuvent commettre le capitaine et les gens de l'équipage. Mais l'affirmative nous semble mieux fondée.

La baraterie est un risque maritime, bien qu'elle ne naisse point *ex marinæ tempestatis discrimine.* Les gens de mer auxquels on a confié son bien peuvent, en effet, se rendre coupables d'actes imprudents, et susciter des pertes par leur négligence. L'ordonnance de 1681 considérait déjà la baraterie comme une fortune de mer, puisqu'elle accordait aux assureurs le droit de se charger de la baraterie du patron.

L'assureur n'est point tenu du pilotage, touage et lamanage, ni d'aucune espèce de droits imposés sur le navire et les marchandises (art. 354).

On entend par *pilotage* les droits payés aux pilotes côtiers par le capitaine pour faire entrer le navire dans un port ou l'en faire sortir.

Le *touage* est ce qui se paie pour haler un navire. *Touer* un navire, c'est le traîner sur l'eau à l'aide d'un cordage.

Le *lamanage* est ce qui se paie aux conducteurs de barques, nommés *lamaneurs* ou *locmans*, pour leurs services, qui consistent à aller au-devant d'un navire, qui pénètre dans un port, une rade ou une rivière, pour diriger sa marche et lui faire éviter les écueils.

L'assureur ne répond point de ces diverses dépenses, en tant que droits ordinaires qu'on paie au départ ou à l'arrivée d'un navire. Mais il n'en est pas de même des droits extraordinaires que le navire est obligé de payer dans les lieux, où, par suite d'une tempête ou de tout autre accident maritime, il a été forcé de relâcher pendant le voyage. L'assureur est alors tenu des frais de pilotage, touage et lamanage. Ces frais constituent, dans cette circonstance, une perte occasionnée à l'assuré par une fortune de mer. Pothier le faisait remarquer avec raison. Telle était aussi la manière de voir de Valin.

Lorsque des marchandises sujettes, par leur nature, à détérioration particulière ou diminution, comme les blés, les sels, ou susceptibles de coulage, comme les huiles, les vins et autres liquides, font l'objet d'un contrat d'assurance, il doit en être fait une désignation spéciale dans la police. Il est juste, en effet, que l'assureur sache à quoi s'en tenir sur les risques qu'il accepte.

Si la police ne fait pas mention de cette désignation, l'assureur ne répond des dommages ou pertes qui peuvent arriver à ces denrées qu'autant que l'assuré a ignoré lui-même la nature du chargement lors de la signature de la police (art. 355).

Un contrat d'assurance ou de réassurance, consenti pour une somme excédant la valeur des effets chargés, est nul à l'égard de l'assuré seulement, s'il est prouvé qu'il y a dol ou fraude de sa part (art. 357).

Le contrat, dont il est question dans l'article 357, bien que nul à l'égard de l'assuré de mauvaise foi, peut être invoqué par l'assureur à l'effet de se faire payer la prime; mais celui-ci ne serait point obligé d'indemniser l'assuré des pertes ou dommages en cas de sinistre.

S'il n'y a eu ni dol, ni fraude de la part de l'assuré, lorsqu'un contrat d'assurance ou de réassurance a été consenti pour une somme excédant la valeur des effets chargés, le contrat subsiste, mais jusqu'à concurrence seulement de la valeur des effets chargés, d'après l'estimation faite ou convenue. Lorsque des pertes viennent à surgir, les assureurs doivent en répondre, chacun proportionnellement au montant des sommes qu'ils ont assurées, quoiqu'ils ne reçoivent point la prime de cet excédant de valeur, mais uniquement l'indemnité de demi pour cent (art. 358).

Si un même chargement a donné lieu à plusieurs contrats d'assurance, et que ces divers contrats aient été faits sans fraude, le premier contrat subsiste seul, pourvu qu'il assure l'entière valeur des effets chargés. Les contrats subséquents sont annulés. Les assureurs qui ont signé ces conventions ultérieures sont pleinement libérés, et ne sont en droit de réclamer, à titre d'indemnité, que demi pour cent de la somme assurée.

Si, au contraire, le premier contrat n'est pas de nature à assurer l'entière valeur des effets chargés, les assurances subséquentes sont maintenues jusqu'à concurrence de l'excédant, en suivant l'ordre de la date des contrats (art. 359).

Lorsque plusieurs personnes ont donné à la même date, séparément et successivement, des assurances qui n'excèdent pas la valeur des effets chargés, elles sont toutes obligées, en cas de perte d'une partie, de contribuer au paiement au marc le franc de leur intérêt (art. 360).

Si l'assurance a lieu divisément pour des marchandises qui doivent être chargées sur plusieurs navires désignés, avec énonciation de la somme assurée sur chacun, et si le chargement entier est mis sur un seul navire ou sur un moindre nombre qu'il n'en est désigné dans le contrat, l'assureur ne répond que des risques concernant le bâtiment ou les bâtiments sur lesquels il y a eu des marchandises chargées, et par suite ne peut être contraint de payer que la somme qu'il a assurée sur ce bâtiment ou ces bâtiments. Il n'a nullement à se préoccuper de la perte des autres navires désignés, attendu que ces derniers n'ont reçu aucune fraction du chargement. Il recevra, néanmoins, demi pour cent des sommes dont les assurances se trouvent annulées, mais à titre d'indemnité seulement (art. 361).

Si le capitaine a la liberté d'entrer dans différents ports pour compléter ou échanger son chargement, l'assureur ne court les risques des effets assurés que lorsqu'ils sont à bord, s'il n'y a convention contraire (art. 362).

La police fixe ordinairement le temps des risques.

Cette fixation peut avoir été faite pour le voyage entier ou pour une partie du voyage ou bien encore pour un certain espace de temps.

Quand la partie déterminée du voyage s'est effectuée, quand le temps limité est expiré, l'assureur se trouve libéré, et l'assuré peut faire assurer les nouveaux risques (art. 363).

L'assureur est déchargé des risques, quand le navire arrive à la hauteur du lieu porté par la police, et la prime lui est acquise, si l'assuré envoie le navire en un lieu plus éloigné que celui qui est désigné par le contrat, quoique sur la même route. Mais si le voyage est seulement raccourci, l'assurance a son entier effet (art. 364).

Lorsqu'il est possible de prouver contre l'assuré, qu'il a traité dans un moment où il connaissait la perte ou l'arrivée des objets assurés, celui-ci paie à l'assureur une double prime. En cas de preuve contre l'assureur, celui-ci paie à l'assuré une somme double de la prime convenue. Celui d'entre eux, contre qui la preuve est faite, est en outre poursuivi correctionnellement (art. 368).

En cas de sinistre majeur, l'assuré peut exiger de l'assureur le paiement du montant de l'assurance, en lui abandonnant la propriété de la chose assurée. C'est là ce qu'on entend par *délaissement*.

Les cas d'avaries n'autorisent pas le délaissement ; mais l'assuré a le droit alors de demander la réparation de la perte éprouvée par une voie dite *action d'avarie*.

Comme le délaissement est très onéreux pour l'assureur, il ne peut avoir lieu que dans les cas prévus par la loi. Le Code de Commerce ne le permet que dans les cas suivants : prise, naufrage, échouement avec bris, innavigabilité par fortune de mer, arrêt de puissance, perte ou détérioration des effets assurés égale aux trois quarts au moins ; enfin défaut de nouvelles, si, après un an expiré, à compter du jour du départ du navire, ou du jour auquel se rapportent les dernières nouvelles reçues, pour les voyages ordinaires, et après deux ans, pour les voyages de long cours, l'assuré déclare n'avoir reçu aucune nouvelle de son navire (art 369 et 375 C. Comm.).

Le délaissement est, d'ailleurs, facultatif. L'assuré a le droit, même dans les cas qui le motivent, d'opter entre ce mode et l'exercice de l'*action d'avarie* (art. 409 C. Comm.).

L'effet du délaissement, qui ne peut être partiel ou conditionnel et qui subroge l'assureur dans tous les droits de l'assuré sur les choses délaissées, est de transporter à l'assureur, malgré lui, la propriété des objets assurés, et de l'obliger à payer la somme assurée. Le paiement de la somme assurée, à défaut de convention contraire, doit avoir lieu dans les trois mois, à partir de la signification du délaissement.

Toutes dépenses extraordinaires faites pour le navire et les marchandises, conjointement ou séparément, — tout dommage qui arrive au navire et aux marchandises, depuis leur chargement et départ jusqu'à leur retour et déchargement, — sont des avaries (art. 397).

Les parties peuvent convenir entre elles du règlement d'avaries ; à défaut de conventions particulières, les dispositions du Code de Commerce deviennent applicables (art. 398).

Les avaries sont grosses ou communes, simples ou particulières (art. 399).

Ces deux classes d'avaries sont précisées avec beaucoup de soin et de détail par les articles 400 et 403.

Une demande pour avaries peut être formée par l'assuré contre l'assureur, pour obliger ce dernier à supporter les dommages survenus à la chose assurée, proportionellement à son intérêt.

Cette demande n'est recevable, que si l'avarie *commune* excède un pour cent de la valeur cumulée du navire et des marchandises, et que si l'avarie *particulière* excède aussi un pour cent de la valeur de la chose endommagée (art. 408).

L'action d'avarie peut être neutralisée, d'une manière expresse, dans les rapports de l'assuré et de l'assureur, à l'aide de la clause *franc d'avaries*. L'assureur ne répond alors ni des avaries communes, ni des avaries particulières.

Quelque extension que l'on donne à la clause *franc d'avaries*, cette clause ne saurait comprendre les cas qui sont de nature à pouvoir donner lieu au délaissement. L'assureur demeure donc tenu des fortunes de mer, qui justifient aux yeux de la loi l'exercice de ce droit (art. 409).

DROIT ADMINISTRATIF

Des autorisations de dons et de legs.

Le Conseil d'État se présente à nous revêtu d'un double caractère. On peut dire de ce puissant auxiliaire de l'action gouvernementale, qu'il est à la fois l'organe par excellence de l'administration active et le tribunal suprême de l'administration.

Sous sa haute juridiction viennent se grouper trois classes d'attributions, qui expliquent l'étendue et la variété de sa compétence.

Ces trois classes d'attributions comprennent des matières *administratives*, *contentieuses* et *mixtes*.

Les autorisations de dons et de legs figurant parmi les attributions *mixtes*, nous ne parlerons que de ces dernières.

Les attributions *mixtes* du Conseil d'État ont toutes trait à la juridiction gracieuse.

Elles s'effectuent sans publicité ni débat oral, et embrassent tous les cas dans lesquels les réclamations, fondées sur des intérêts privés, peuvent donner lieu à l'instruction contradictoire.

Elles se distinguent, sous ce dernier rapport, des attributions purement *administratives* auxquelles cet élément est complètement étranger.

Leur objet et leur mode d'exercice les lie intimement aux deux autres classes d'attributions.

L'article premier du décret organique du 25 janvier 1852 ne mentionne expressément, il est vrai, qu'un seul cas de ce genre d'attributions, qui est celui relatif aux affaires de haute police administrative, et qui autorise le Conseil d'État à se prononcer sur les actes des fonctionnaires dont la connaissance lui est déférée par l'Empereur ; mais il y a bien d'autres cas d'attributions *mixtes*.

Ces cas découlent des deux dispositions de l'article précité.

En vertu de ces dispositions, le Conseil d'Etat est admis à proposer les décrets, qui statuent sur les affaires administratives dont l'examen lui a été dévolu par des dispositions législatives et réglementaires, et à donner son avis sur toutes les questions qui lui sont soumises par l'Empereur ou par les Ministres.

Des matières purement *administratives* et des matières *mixtes* sont cumulativement comprises dans chacune de ces deux dispositions.

Le décret organique prévoit donc incontestablement, sinon expressément, du moins tacitement, les attributions *mixtes* du Conseil d'Etat.

Parmi les cas d'attributions *mixtes*, qui sont les plus importants et qui se présentent le plus souvent, nous mentionnerons les suivants :

1° Les actes relatifs aux cultes ; 2° les mises en jugement des agents du Gouvernement; 3° les autorisations de plaider ; 4° les autorisations de dons et de legs ; 5° les concessions de mines, les autorisations de travaux publics, d'usines ou de sociétés ; 6° les naturalisations ; 7° les changements de noms ; 8° la mission de haute police administrative ; 9° les prises maritimes.

Comme notre sujet a uniquement pour objet les autorisations de dons et de legs, nous bornerons nos explications à l'examen de cette matière.

Le désir de protéger les familles et la crainte d'une extension trop considérable des biens de main-morte, combinés avec la responsabilité de la tutelle administrative, ont déterminé le législateur à renfermer dans de justes limites la liberté d'accepter ou de refuser les dispositions à titre gratuit, lorsque ces dispositions portent sur des établissements d'utilité publique, des établissements ecclésiastiques, des congrégations religieuses, des communes ou des départements.

L'établissement, la commune ou le département doivent solliciter une autorisation administrative, pour pouvoir accepter ou refuser le don ou le legs qui leur a été fait.

Le Conseil d'Etat intervenait le plus souvent pour fournir cette autorisation avant la promulgation du décret-loi du 25 mars 1852.

Suivant ce décret, qui a été d'ailleurs confirmé, sur ce point, par la loi du 18 juillet 1866, l'intervention du Conseil d'Etat n'est actuellement nécessaire pour les dons et legs faits aux départements, que lorsqu'ils sont grevés de charges ou affectations immobilières, ou qu'il y a réclamation des familles ; pour ceux faits aux communes ou aux établissements communaux, que lorsqu'il y a réclamation des familles.

Les autorisations de dons et de legs faits aux établissements non communaux émanent dans tous les cas, comme par le passé, du Conseil d'Etat.

La section de l'intérieur, de l'instruction publique et des cultes doit procéder à l'examen préparatoire, et généralement même statuer définitivement.

Suivant l'article 15 du décret réglementaire du 30 janvier 1852, l'assemblée générale n'est tenue de connaître de l'affaire, que lorsque les dons et legs, dont il est question, excèdent 50,000 francs.

Le recours, dont sont susceptibles les décisions du Conseil d'Etat en matière de dons et de legs comme en toute autre matière mixte, est ouvert par l'article 40 du décret du 22 juillet 1806.

Aux termes de cet article, lorsqu'une partie se croit lésée dans ses droits ou sa propriété par l'effet d'une décision du Conseil d'Etat rendue en matière non contentieuse, elle peut présenter une requête à l'Empereur, pour, sur le rapport qui lui en est fait, être l'affaire renvoyée, s'il y a lieu, soit à une section du Conseil d'Etat, soit à une Commission.

La saine interprétation du texte ne justifie en aucune façon les controverses passionnées auxquelles a donné lieu la disposition précédente. Nous devons en conclure que le sens le plus naturel semble répondre le mieux à la véritable pensée du législateur.

Rappelons, en terminant, que, toutes les fois que les dons et legs peuvent être acceptés sans autorisation préalable donnée par décret impérial en Conseil d'Etat, les décrets de décentralisation des 25 mars 1852 et 13 avril 1861 reconnaissent la compétence du préfet et du sous-préfet. L'autorisation de ce dernier suffit notamment pour l'acceptation par les bureaux de bienfaisance des dons et legs d'objets mobiliers ou de sommes d'argent, lorsque leur valeur n'excède pas 3,000 francs et qu'il n'y a pas réclamation des héritiers.

Enfin, d'après la nouvelle loi du 18 juillet 1866 sur les Conseils généraux, et d'après la loi plus récente encore du 24 juillet 1867 sur les Conseils municipaux, qui a consacré, en faveur de la commune, une décentralisation analogue à celle inaugurée, dans l'intérêt du département, par la loi du 18 juillet 1866, les Conseils généraux et les Conseils municipaux statuent définitivement, les premiers, sur l'acceptation des dons et legs faits aux départements sans charges ni affectations immobilières, quand ces dons et legs ne donnent pas lieu à réclamation ; les seconds, sur l'acceptation des dons et legs faits aux communes dans les mêmes conditions.

Vu par le Professeur, Président de la Thèse,

CARLES.

Vu et permis d'imprimer :

*Le Recteur de l'Académie d'Aix, Officier
de la Légion-d'Honneur,*

J. VIEILLE.

1643 — Toulon, Typ. F. Robert.